CATALOGUE

DE

LIVRES ANCIENS

PROVENANT DE LA BIBLIOTHÈQUE

DE FEU M. ANTONY MÉRAY

HOMME DE LETTRES

DONT LA VENTE AURA LIEU LE 16 FÉVRIER 1888

ET JOURS SUIVANTS

Rue des Bons-Enfants, 28, Salle n° 2,

à huit heures précises du soir,

Par le ministère de Me G. Boulland, commissaire-priseur

26, rue des Petits-Champs

Assisté de M. HÉNAUX, libraire, 19, quai Voltaire, à Paris.

PARIS

LIBRAIRIE HÉNAUX

1888

CATALOGUE

DE

LIVRES ANCIENS

PROVENANT DE LA

Bibliothèque de Feu M. Antony Méray.

CATALOGUE

DE

LIVRES ANCIENS

PROVENANT DE LA BIBLIOTHÈQUE

DE FEU M. ANTONY MÉRAY

HOMME DE LETTRES

DONT LA VENTE AURA LIEU LE 16 FÉVRIER 1888

ET JOURS SUIVANTS

Rue des Bons-Enfants, 28, Salle n° 2,

à huit heures précises du soir.

Par le ministère de Me G. Boulland, commissaire-priseur

26, rue des Petits-Champs

Assisté de M. HÉNAUX, libraire, 19, quai Voltaire, à Paris.

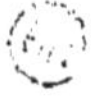

PARIS
LIBRAIRIE HÉNAUX

1888

CATALOGUE

DE

LIVRES ANCIENS

PROVENANT DE LA BIBLIOTHÈQUE

DE FEU M. ANTONY MÉRAY

THÉOLOGIE

1. — La Bible, qvi est tovte la saincte escritvre... translatez en françois. *S. l., de l'impr. de Iean Crespin*, 1554, pet. in-8, d.-rel.

   Traduction de Lefebvre d'Etaples, remaniée par d'Olivetan et Calvin.

2. — La Bible rymee en françois, par forme de mystere. Pet. in-fol., goth., v. br., figures sur bois.

   Incomplet du commencement et de la fin.

3. — Le mystere du Vieil Testament (en vers). Pet. in-fol., goth., v., figures sur bois.

   Très incomplet.

4. — Nouueau Testament extraict de mot a mot de la Saincte Bible. *Impr. à Anuers par Fr. le Rouge*, 1541, pet. in-8, gothique, vél.

   Traduction de Lefebvre d'Etaples. — Exemplaire court de marges.

5. — Le nouvel Testament, extrait de la Bible historiee du Comestor. *Se vend à Paris, chez A. Vérard*, in-fol., d.-rel. figures sur bois.

   Fragment d'ouvrage.

6. — Les Evangiles, par G. d'Eichtal. *Paris*, 1863, 2 vol. in-8, br.

7. — Cinqvante devx pseavmes de David, traduictz en rithme françoise selon la verité hebraïque, par Clément Marot, auec plusieurs autres compositions tant dudict autheur, que d'autres. *A Paris, chès Iaques Bogard*, 1545, in-16, mar. br.

8. — In proverbia Salomonis Roberti Holcoti.... anglicani explanationes..... *Parrhisiis*, *J. Petit*, 1510, in-4, bas.

9. — Lactantii Firmiani de diuinis institutionibus libri septem. *Impressum Venetiis*, 1483, in-fol., vél., initiales coloriées.

10. — Dialogus Bonauenture. *Impr. Parisiis... per Guidonem Mercatoris*, 1494. Id. Stimulus diuini amoris. 1492, 2 vol. in-12, vél., fig. sur bois.

11. — Ecclesiastica historia diui Eusebii : et ecclesiastica historia gentis Anglorum venerabilis Bede... *Argentorati*, 1514, in-fol., v. br., fers à froid.

12. — L'histoire apostolique d'Abdias, premier evesque de Babylon.... tournee d'hebrieu en grec par Eutrope, puis en latin... nouuellement traduitte en nostre vulgaire. *Paris*, 1564, in-12, mar. br.

13. — Hystoria ecclesiastica. *Venundatur Parisiis*, *a F. Regnault*, *s. d.*, pet. in-8, basane gaufrée. (*Anc. rel.*).

14. — Liber de muliere forti venerabilis domini Alberti Magni ordin. fratr. predic. *Col. Agr.*, 1499, in-4, bas.

15. — Incipit letania vener. doctoris Alberti Magni ord. fratr. predic. *S. l. n. d.* (*vers* 1475), in-12, d.-rel. chagr.

16. De Imitatione Christi. *Parisiis*, *Petrum le Dru*, 1498, in-16, gothique, mar. br.

Le titre manque.

17. — Catalogus sanctorum a D. Petro de Natalibus æditus... *Lugd.*, *apud E. et I. Huguetan*, 1542, in-fol., bas., curieuses figures sur bois.

Le titre est manuscrit et la marge du premier feuillet est enlevée.

18. — Pragmatica sanctio cum repertorio nouiter egregie desuper compilato.... *Parisiis*, *Ph. Pigouchet*, 1502, pet. in-8, vél.

19. — Cura clericalis lege relege. *S. l. n. d.* (XVIe siècle), in-18, d.-rel. mar.

20. — Libro deuotissimo chiamato specchio de prudentia opera nouamente impressa (da frate Beltrame da Ferrara). *In Venecia*, 1505, in-4, d.-rel.

21. — Regula beatissimi patris Benedicti e latino in gallicum sermonem per reuer. dom. Guidonem Juuenalem traducta. *Parisiis*, *Geoffroy de Marnef*, 1501, pet. in-12, goth., mar. br.

22. — La translation sententiale des cent articles de sapience tres deuotement composez par vng vener. docteur d'Alle-

maigne. *Impr. pour S. Vostre*, 1507, in-12, vél., fig. sur bois (le titre manque). S'ensuyt vne deuote meditation sur la mort et passion de nostre Saulueur... *S. l.*, 1516, in-12, vél., fig. sur bois. (Dern. ff. manq.).

23. — La vie de ma dame Saincte Marguerite, vierge et martyre, auec son oraison. *Impr. à Troyes, chez J. Lecoq, s. d.* (xvie siècle), in-12, gothique, d.-rel. mar., fig. sur bois.

24. — Ladresse de lesgaré péchevr, contenant l'exposition du psalme penitential (par P. Doré). *Paris, chez Jehan Ruelle*, in-16, goth., mar. vert.

25. — Platinæ historici liber de vita Christi : ac pontificvm omnivm. *Ioanis Uercelensis*, 1485, pet. in-fol., mar. br.

26. — Platinæ historici liber de vita Christi : ac pontificvm omnivm : qvi hactenvs dvcenti et viginti dvo fvere. *Ioanis Uercelensis*, 1485, pet. in-fol., mar. br.

27. — Casus papales, episcopales abbatiales. *Impr. Colonie, s. d.* (fin du xve siècle), in-12, d.-rel. fig. sur bois. (*Qq. ff. réparés*).

28. — Defecerunt vvlgare. Tractato chiamto interrogatorio composto da frate Antonio arciueschouo fiorentino : sopra le confessioni. *Impr. in Firenze* (*circa* 1474), in-4, vél. (*Qq. ff. tachés*).

Traduction italienne de ce curieux confessionale. (Note d'Antony Méray).

29. — Sept dialogves avsquels sont examinez cent soixante et quatorze erreurs des calvinistes.... par Frère F. Fev-Ardent. *Paris*, 1585, pet. in-8, vél.

30. — Extraict de plusieurs sainctz docteurs, propositions, dictz et sentences, contenant les graces, fruitz, proffitz... et louanges du.... sacrement de lautel.... *Impr. à Paris pour G. Merlin, s. d.*, in-12, goth., d.-rel., fig. sur bois.

31. — Traicté de l'immortalité de l'âme, par M. I. de Champaignac, aduocat du Parlement de Bourdeaus. A *Bovrdeavs, Seb. Millanges*. 1595, pet. in-12, d.-rel. mar.

32. — Les trois veritez contre tovs athées, idolâtres, iuifs, mahumetans, heretiques et schismatiques (par P. Charron). *Paris*, 1595, pet. in-12, vél., tr. dor., orn. sur les plats.

33. — La théologie natvrelle de Raymon Sebon.... mise premierement de latin en françois par Iean Martin.... *Paris, de l'impr. de Vascosan*, 1566, in-8, vél.

34. — La fleur des commandemens de Dieu, auec plusieurs exemples et auctoritez extraictes tant de sainctes escriptu-

res que d'aultres docteurs. *Paris, Philippe le Noir*, 1525, pet. in-fol., gothique, v. f.

Le titre est réparé et la table manque.— Ce livre est le plus curieux recueil d'hallucinations miraculeuses et fantastiques que je connaisse. (Antony Méray).

35. — Le liure de la femme forte et vertueuse declaratif du cantique de Salomon.... faict et composé par ung religieux de la réformation de lordre de Fonteurault. *Simon Vostre*, 1501, pet. in-8, goth., d.-rel., fig. sur bois.

Le bas du titre est enlevé et il y a une cassure à un feuillet.

36. — Moyens d'abvs, entreprises et nvllitez, dv rescrit et bvlle dv pape Sixte Ve... contre le serenissime prince Henry de Bovrbon roy de Nauarre.,. par vn catholique, apostolique, romain : mais bon françois... A *Coloigne*, 1586, pet. in-8, vél.

37. — Arrest de la Covr de Parlement contre tovtes provisions de benefices decernées par les card. Cajetan et de Plaisance eux disans legats de nostre Sainct Père le Pape. *Paris*, 1594. — La Bvlle et constitvtion de nostre Sainct Père le Pape Sixte cinquième, sur les confidences des bénéfices. *Paris*, 1589. Etc. — Ens. 4 pièces en 1 vol. in-12, vél.

38. — Les raisons de l'office, et ceremonies qvi se font en l'église cathol., apostol. et rom., etc., par Cl. Villette, chanoine en l'église de Sainct Marcel, lez Paris. A *Roven*, 1638, pet. in-8, vél.

39. — Règlements des offices de l'abbaye royale de Montmartre selon les anciennes pratiques, et conformement à la règle de S. Benoist. *Paris*, 1671, pet. in-12, d.-rel.

40. — Histoire des corporations religieuses en France, par M. E. Dutilleul. *Paris*, 1846, in-8, d.-rel.

41. — Le Christianisme et le libre examen, par le Dr Mary. *Paris*, *Didier*, 1864, 2 vol. in-8, br.

42. — Dictionnaire des antiquites chretiennes, par l'abbé Martigny. *Paris*, 1865, gr. in-8, br., fig.

SERMONNAIRES

43. — Méray (Antony). La vie au temps des libres prêcheurs ou les devanciers de Luther et de Rabelais. Croyances, usages et mœurs intimes des XIVe, XVe et XVIe siècles. Sec. édit. entier. refondue. *Paris*, *Claudin*, 1878, 2 vol. in-8, pap. de Holl., d.-rel. mar. n., dor. en tête.

44. — Antony Méray. Les libres prêcheurs, devanciers de Luther et de Rabelais. Etude histor., crit. et anecd. sur les

XIVe, XVe et XVIe siècles. *Paris, Claudin*, 1860, in-12, d.-rel. mar., n. r. dor. en tête.

45. — Sermones quadragesimales fratris Oliuerii Maillardi. *Parisiis, P. Pigovchet*, 1500, in-12, d.-rel. maroq.

46. — Opus quadragesimales.... magistri Oliuerii Maillardi. *Parisiis, Jehan Petit*, in-12, d.-rel. maroq.

47. — Frère Oliuier Maillard, passion. *A Paris, chès Joland Bonhomme*, 1552, in-12, goth., vél., fig. sur bois.

Le titre est trop rogné.

48. — Œuvres françaises, d'Olivier Maillard. — Sermons et poésies, publ. d'après les man. et les édit. orig. avec introd., notes et notices par A. de la Borderie. *Nantes*, 1877, in-8, br.

49. — Sermones fratris Gabrielis Barelete.... ord. fratrum predicatorum. *Haguenau*, 1514, in-4, peau de truie. (*Lég. piq. de vers*).

50. — Sanctus Vincentius de Valentia sacri ordinis predicatorum. Sermones.... *Venetiis*,.... 1496, in-4, vél.

Rarissime édition d'un sermonnaire des plus étranges. (Ant. Méray).

51. — Sermones hortuli conscientie fratris Petri Dorbelli sup. epistolas quadragesime. *Lugd.*, 1491, in-4, bas.

52. — Questione de le Strie. Questiones lamearum fratris Samuelis de Cassinis or. minorum ob. regularis. *S. l.*, 1505, in-4, cart.

53. — Fratris Michaelis Menoti... predicatoris... ordinis minorum Sermones quadragesimales. *S. l. n. d., P. Gaudoul* (XVIe siècle), in-12, mar. br.

54. — Sermons de frère Michel Menot sur la Madeleine, avec une notice et des notes par J. Labouderie. *Paris*, 1832, in-8, br.

55. — Fratris Michaelis Menoti... sermones quadragesimales. *Parisiis*, 1525, in-12, v. m. (*Le titre manque*).

56. — Reuerendi patris fratris Roberti Messier, ordinis minorum... quadragesimale Sermones. *Venundantur Parisiis*, 1531, in-12, d.-rel. mar.

57. — Sermones magistri Nic. de Corra, ord. predicator. *Nic. de la Barre*, 1509, pet. in-8, d.-rel. maroq.

58. — Expositio evangeliorvm qvadragesimalivm rever. F. Guillelmi Pepin Parisiensis. *Venetiis*, 1578, in-12, d.-rel. chagr.

59. — Sermones discipuli de tempore et de Sanctis ; et quadragesimale eiusdem cum diuersis tabulis... *Uenales ha-*

bentur Cadomi in offic. M. Angier, 1518, 2 part. en 1 vol. pet. in-4, v.

La deuxième partie renferme la marque de P. Olivier de Rouen.

60. — Incipit prologus in legendas sanctorum quas collegit in vnum frater Jacobus Iannuensis de ordine predicatorum. *A. Koburger Nuremberge*, 1482. — Paratus continens sermones de sanctis incipit feliciter. *S. l. n. d.* (*vers* 1475), 2 ouvr. en 1 vol. in-fol , peau de truie.

61. — Compendio di revelatione dello invtile servo.... frate Hieronymo da Ferrara dello ordine de frati predicatori.... *Impresso i Firenze*.... 1495, in-4, vél. (*Qq. taches*).

Longue note de M. Méray sur cette édition rare.

62. — Molti devotissimi trattati del reuer. padre frate Ieronymo Sauonarola da Ferrara... *In Venegia*, 1538, in-12, d.-rel. vél.

63. — Defecerunt reuerendissimi Antonini archiepiscopi Flo. ordinis predic. necnon cum aliquibus conclusionibus ac decisionibus... *Venetiis*, 1499, in-12, vél.

64. — Opus sermonum quadragesimalium super epistolas et euangelia... magistri J. Raulin ord. Cluniacensis. *Venundantur Parrhisiis*... 1510, 2 vol. pet. in-4, v. gaufré.

HÉTÉRODOXES

65. — Histoire des tromperies des prêtres et des moines, décrite dans un voyage d'Italie, par G. d'Emiliane. *A Rotterdam*, 1727, 2 tom. en 1 vol. in-12, dem.-rel., fig.

66. — Les trois livres dv doctevr Nic. Sanders, cont. l'orig. et progrez du scisme d'Angleterre, augmentez par E. Rishton, premierement imprimez en latin en Allemaigne, et depuis plus correctement à Rome. *S. l.*, 1587, pet. in-8, vél.

67. — Taxes des parties casuelles de la boutique du Pape, rédigées par Jean XXII et publiées par Léon X, etc. Publié par M. Julien de Saint-Acheul. *Paris*, 1821, in-8, dem.-rel. mar., n. r., dor. en tête.

68. — L'estat de l'Eglise, avec le discovrs des temps depvis les apostres iusques au présent (par Crespin). *Chez E. Vignon*, 1581, pet. in-8, vél.

69. — L'estat de l'Eglise dez le temps des apostres ivsqves à l'an present, avec vn recueil des troubles auenus en France sous le roy Françoys II et Charles IX. *A Strasbourg*, 1567, pet. in-8, dem.-rel. mar. r.

70. — Le bvreau dv Concile de Trente, auquel est monstré qu'en plusieurs poincts iceluy Concile est contraire aux anciens conciles et canons, et à l'autorite du roy, par Innocent Gentilet, jurisconsulte dauphinois. *Par Elie Viollier*, 1586, in-12, dem.-rel. mar. (*Titre taché*).

71. — Les actes dv Concile de Trente, auec le remede contre la poison, par M. Iean Calvin. *S. l.*, 1548, in-12, dem.-rel. mar., dor. en tête.

72. — L'Interim, c'est-à-dire provision faicte svr les differens de la religion en quelques villes et pais d'Allemagne, avec la vraye façon de reformer l'Eglise chrestienne et appointer les differens qui sont en icelle, par Me Iean Calvin. *S. l.*, 1548, in-12, dem.-rel. mar., dor. en tête.

73. — Histoire critique de Jesus-Christ, ou analyse raisonnée des evangiles. *S. l. n. d.*, in-12, dem.-rel. mar., dor. en tête.

SCIENCES ET ARTS

PHILOSOPHIE. — MÉDECINE. — HISTOIRE NATURELLE. AGRICULTURE. — ART CULINAIRE. ETC..

74. — Les Sentences dv tres excellent philosophe Senecque, des quatre vertus cardinalices, nouuell. traduictes de latin en françois. *A Lyon, par B. Rigaud*, 1556, in-16, dem.-rel. mar.

75. — Le Diogène françois, tiré dv grec, ou Diogène laertien tovchant les vies, doctrines et notables propos des plus illustres philosophes, trad. et paraphr. par Fr. de Fougerolles. *A Lyon*, 1601, pet. in-8, vél.

76. — Pensées philosophiques (par Diderot). *A la Haye*, 1746, in-12, pap. de Holl., mar. rouge, tr. dor.

Bel exemplaire en ancienne reliure.

77. — Entretien d'un philosophe avec Mme la duchesse de ***, ouvr. posth. de Thomas Crudeli (publ. par Diderot en 1777). In-12, dem.-rel. mar.

78. — Flaue Uegece Rene, homme noble et illustre du faict de guerre, et Fleur de Cheualerie, quatre liures. *Paris, Chrestien Wechel*, 1536, in-fol., dem.-rel.

79. — La dissection des parties du corps humain diuisée en trois liures, faictz par Ch. Estienne..., auec les figures et declarations des incisions, composees par Est. de la Riuière,

chirurgien. *Impr. à Paris par Seb. de Colines*, 1546, in-fol., dem.-rel. mar., figures sur bois.

80. — Tractatus celeberrimus de febribus litteratissimi doctoris Marsilii de Sancta Sophia Patauini... *Lugd.*, 1507, pet. in-8, peau de truie.

81. — Traité de la theriaqve et mithridate, contenant plvsievrs questions generales particulieres, avec un entier examen des simples medicamens qui y entrent.., par Nic. Howel, apothicaire. *A Paris, chez I. de Bordeavx*, 1573, in-12, dem.-rel.

82. — Discovrs svr l'impvissance de l'homme et de la femme, par Vincent Tagereav. *A Paris*, 1611, pet. in-8, dem.-rel. mar.

83. — Le proprietaire des choses tres utille et profitable au corps humain... *On les vend à Paris, par Ph. Le Noir, s. d.* (*vers* 1520), pet. in-fol., v. m., figures sur bois. (*Piqûres de vers*).

84. — Liber de proprietatib. rerum Bartholomei anglici. *Argentine, anno Domini* 1491, pet. in-fol., peau de truie. (*Qq. piq. de vers*).

85. — Le govvernement necessaire à chacvn povr vivre longuement en santé, par Nic.-Abraham sievr de la Framboisière. *Paris*, 1608, pet. in-8, bas.

86. — Le Thresor de santé ov mesnage de la vie hvmaine, diuisé en dix liures, lesquels traictent amplement de toutes sortes de viandes et breuuages ; ensemble de leur qualité et préparation. Faict par vn des plus celebres et fameux medecins de ce siecle. *A Lyon*, 1607, pet. in-8, mar. vert.

Exemplaire fortement lavé. Intéressant pour l'alimentation sous le règne de Henri IV. (A. Méray).

87. — Trois livres de l'embellissement et ornement du corps humain, pris du latin de M. Iean Liebavt. *A Lyon, par B. Rigavd*, 1595, in-18, mar. rouge. (*Rel. de Malet*).

88. — Les douze livres de Lvcivs Iunius Moderatus Columella des choses rustiques, traduicts de latin en françois par feu maistre Claude Cotereau, chanoine de Paris. *A Paris, par I. Keruer*, 1555, in-4, vél., front. sur bois.

Bel exemplaire.

89. — Le Iardinage d'Ant. Mizavld, medecin, cont. la maniere d'embellir les iardins, etc. *S. l., par I. Dvrand*, 1578. — Les Delices de la campagne, suitte du jardinier françois. *Paris*, 1662, front. gravé. — Le Ménage des champs et de la ville, ou le nouveau Jardinier françois accommodé au goût du temps. *Paris*, 1715. — Ens. 3 vol. in-12, v.

90. — Le grant herbier en françois contenant les qualitez, vertus et proprietez des herbes, arbres, etc., extraict de plusieurs traitez de medecine comme de Auincene, de Rasis, de Constantin... *Paris, Jehan Trepperel*, 1502, in-fol., vél., fig. sur bois. (*2 ff. manquent*).

91. — Histoire admirable des plantes et herbes esmerueillables et miraculeuses en nature..., auec leurs portraicts au naturel..., par M. Cl. Dvret. A *Paris*, 1605, pet. in-8, mar. br.

92. — Remarques nécessaires povr la cvltvre des flevrs..., auec vne méthode facile pour faire toutes sortes de palissages, bosquets, etc., par P. Morin, fleuriste. *Paris*, 1657. — Instrvctions povr les arbres frvictiers, par M. R. T. P. *Rouen*, 1659. — Nouveau traité des orangers et citronniers. *Paris*, 1692. — Connaissance parfaite des tulippes rares, des anemones extraordinaires, etc. *Paris*, 1688, etc. — Ens. 5 vol. in-12.

93. — Instruction pour les jardins fruitiers et potagers, par feu M. de la Quintinye. *Paris*, 1690, 2 vol. in-4, dem.-rel. mar., fig.

94. — Les forêts de la Gaule et de l'ancienne France, par M. Alfred Maury. *Paris*, 1867, in-8, br.

95. — La Chasse royale composée par le roy Charles IX, nouvelle édit. préc. d'une introd. par H. Chevreul. *Paris*, *A. Aubry*, 1858, in-12, dem.-rel. mar., n. r., dor. en tête.

96. — Toussenel. Le Monde des oiseaux, ornithologie passionnelle. *Paris*, 1853, 1 vol. in-8, br.
Lettre de l'auteur à M. A. Méray ajoutée.

97. — Toussenel. L'Esprit des bêtes, vénerie passionnelle. *Paris*, 1847, in-8, br.
Envoi de l'auteur et lettre autographe ajoutée.

98. — Toussenel. Histoire de la féodalité financière. *Paris*, 1847, 2 vol. in-8, br.

99. — Les Papillons, métamorphoses terrestres des peuples de l'air, par Am. Varin, texte par Eugène Nus et Antony Méray. *Paris, de Gonet, s. d.*, 2 tom. en 1 vol. gr. in-8, dem.-rel., n. r., doré en tête, fig. color.

100. — Drôleries végétales. L'Empire des légumes, mémoires de Cucurbitus Ier, rec. et mis en ordre par MM. E. Nus et Ant. Méray, dessins par Am. Varin. *Paris, de Gonet, s. d.*, gr. in-8, br., fig. color.

101. — Caelii Apitii, de re culinaria libri decem. *Apvd S. Gryphium*, 1541, pet. in-8.

102. — Schola Apiciana. *Francoforti*, 1534, pet. in-12, dem.-rel. mar.

103. — L'Ecole parfaite des officiers de bouche. *A Paris, chez J. Ribou*, 1680, in-12, dem.-rel. mar. r.

104. — Le bon usage du thé, du caffé et du chocolat pour la préservation et la guérison des maladies, par le sieur de Blegny. *Paris*, 1687, in-12, dem.-rel.

105. — Almanach du comestible, nécessaire aux personnes de bon goût et de bon appétit, qui indique généralement toutes les bonnes choses que l'on pourra se procurer à la halle et chez certains débitans, etc. *Paris, Desnos*, 1778, in-18, dem.-rel.

106. — Physiologie du goût, par Brillat-Savarin, ill. par Bertall, préc. d'une not. biogr. par A. Karr. *Paris, G. de Gonet, s. d.*, gr. in-8, dem.-rel. mar., n. r.

SCIENCES OCCULTES.

107. — Faust dans l'histoire et dans la légende, essai sur l'humanisme superstitieux du XVIe siècle et les récits du pacte diabolique, par P. Ristelhuber. *Paris*, 1863, in-8, br.

108. — Apologie pour tous les grands hommes qui ont esté accusez de magie, par M. Navdé. *Paris*, 1669, in-12, dem.-rel.

109. — Henr. Cornel. Agrippæ de incertitudine et vanitate scientiarum et artium. *I. Graphees excvdebat...*, 1530, in-4, dem.-rel.

Première édition.

110. — Mercvre Trismegiste Hermes, tres ancien theologien et excellent philosophe de la puissance et sapience de Dieu..., le tout traduit de latin en françois par M. Gabriél du Preau. *A Paris, de l'impr. d'Est. Groulleau*, 1549, in-12, dem.-rel. mar.

111. — Opvscvle tres excellent de la vraye philosophie naturelle des metavlx, traictant de l'augmentation et perfection d'iceux, par maistre D. Zacaire, gentilh. et philos. guiennois. *A Lyon, par B. Rigavd*, 1574, in-16, cart.

112. — Le Monde enchanté, cosmographie et histoire naturelle fantastiques du moyen-âge, par M. Ferd. Denis. *Paris*, 1843, in-16, dem.-rel., dor. en tête.

113. — Alberti cognomento magni de secretis mvliervm. *Lvgdvni*, 1553, in-16, mar. br., tr. dor.

114. — Les livres de H. Cardanvs, medecin milannois, intitvlés de la Subtilité et subtiles inventions; ensemble les causes occultes et raisons d'icelles, trad. de lat. en franç. par Richard Le Blanc. A *Paris*, *Ch. L'Angelier*, 1556, in-4, vél.

115. — Le Diable peint par lui-même ou galerie de petits romans, de contes bizarres, d'anecdotes prodigieuses, expl. et trad. par Collin de Plancy. *Paris*, 1819, in-8, dem.-rel., n. r., dor. en tête.

116. — La Demonomanie des sorciers, par I. Bodin, angevin. A *Paris*, 1598, pet. in-12, v. f. (*Rel. de Koehler*).

117. — Advis avx criminalistes svr les abvs qvi se glissent dans les procès de sorcellerie..., par le P. N. S. I., théol. romain..., mis en françois par F.-B. de Villedor. A *Lyon*, 1660, in-12, vél.

118. — Des satyres, brutes, monstres et demons, par Fr. Hedelin. *Paris*, 1627, pet. in-8, vél.

119. — Les alchimistes d'autrefois, par Ch. Olliffe. *Paris*, 1842, pet. in-16, dem.-rel. mar., n. r., dor. en tête.

120. — Le Miroir d'Alqviemie de Iean de Mehvn, philosophe tres excellent : trad. de latin en françois. *Paris*, 1613, in-12, dem.-rel. chagr.

121. — Jvlii Obseqventis prodigiorvm liber. *Apvd I. Tornæsivm*, 1529, in-18, cart., fig. sur bois.

122. — Tractatus insignis et exquisitissimus de superstionibus contra maleficios..., per reuer. dom. magistrum Martinum de Arles. *Parisiis*, 1517, pet. in-12, goth., dem.-rel.

123. — Histoire des diables de Loudun ou de la possession des religieuses Ursulines, et de la condamnation et du supplice d'Urbain Grandier. *Amsterdam*, 1694, in-12, dem.-rel.

124. — Nostradamus, par Eugène Bareste. *Paris*, 1840, in-8, dem.-rel. mar., n. r., dor. en tête, portrait.

125. — Le Kalendrier des bergers. *Impr. à Lyon par Cl. Nourry, l'an 1504*, in-4, vél., fig. sur bois.
Incomplet du cahier K.

BELLES-LETTRES

POÉSIE. — ROMANS D'ANTIQUITÉ. — ROMANS D'AVENTURES ET FABLIAUX.

126. — Les œuvres d'Homère, prince des poètes... le tout de la version de Salomon Certon. A *Paris*, 1615, in-8, vél.

127. — Les Georgiques de Virgile Maron, translatees en ryme françoyse, par Guill. Michel, dict de Tours. *Paris*, 1519. pet. in-8, goth. d.-rel. mar.

Le titre manque.

128. — Les œuvres de Publie Virgile Maron, prince des poetes latins. Traduits de latin en françois; les Bucoliques et Georgiques, par Cl. Marot, R. le Blanc; et les Douze liures des Aeneides, par Loys des Masures, tournisien. *A Paris*, 1575. in-18, mar. vert.

129. — La Pharsale de Lucain, en vers françois, par M. de Brebeuf. *Paris*, 1657, in-12, d.-rel. mar. r.

130. — De l'état de la poésie française dans les XIIe et XIIIe siècles, par de Roquefort-Flamericourt. *Paris*, 1815, in-8, d.-rel.

131. — Art poetique françois, pour l'instruc : des studieux, desirans parvenir à la perfection de la poésie françoise. Auec le quintil Horatian, sur la défense, illustration de la langue françoise. *A Lyon, par B. Rigaud*, 1575, in-16, vél.

132. — Méray (Antony), la Vie au temps des cours d'amour, croyances, usages et mœurs intimes des XIe, XIIe et XIIIe siècles, etc. *Paris, Claudin*, 1876, in-8, pap. de Holl., d.-rel., mar., n. r., dor. en tête.

Avec une jolie lettre autogr. de Francisque Michel, adressée à l'auteur et concernant son ouvrage.

133. — La Vie au temps des Trouvères. *Paris, Claudin*, 1873. in-8, pap. de Holl., d.-rel., maroq., n. r., dor. en tête.

134. — Histoire des révolutions de l'esprit français, de la langue et de la littérature française au moyen-âge. Ouvrage posthume de F.-D. Bancel, avec préface par Antony Méray. *Paris, Claudin*, 1878, in-8, pap. de Holl. Br.

135. — Jourdain (Charles). Mémoire sur l'éducation des femmes au moyen-âge. *Paris, Impr. Nat.*, 1874, in-4, d.-rel.

136. — Veland le forgeron. Dissertation sur une tradition du moyen-âge avec les textes islandais, anglo-saxons, anglais... qui la concernent, par Depping et Fr. Michel, *Paris*, 1833, in-8, cart.

137. — Raynouard, des Troubadours et des Cours d'amour. *Paris*, 1817, in-8, d.-rel. mar.

138. — Le livre des légendes, par Le Roux de Lincy. *Paris, Sylvestre*, 1836, in-8, pap. vél. d.-rel. mar., n. r., dor. en tête.

139. — Société des anciens textes français (publications de la). *Paris*, 1875 et ann. suiv., 35 vol. in-8, et atlas in-f., cart., n. r.

140. — La Chanson de Roland, texte critique, traduit et commenté par Léon Gautier. *Tours*, 1875, in-8, d.-rel. mar. n. r., dor. en tête, fig.

141. — La Chanson de Roland. Trad. du vieux français et précédée d'une introduction par A. d'Avril. *Paris*, 1867, in-12, d.-rel. mar., n. r., tr. dor.

142. — Notice sur la vie et les écrits de Robert Wace, poète Normand du XIIe siècle, par F. Pluquet. *A Rouen*, 1824, in-4, cart., n. r., fig.

143. — L'Ordène de Chevalerie. (Poème de Hues de Tabarie). Avec une dissertation sur l'origine de la langue françoise, etc. (Publ. par Barbazan). *Paris*, 1759, in-12, d.-rel., n. r. dor. en tête.

144. — Fabliaux ou contes du XIIe et du XIIIe siècles, traduits ou extraits d'après divers manuscrits du temps. *Paris*, 1779. 4 vol. in-8, v. éc.

145. — Nouveau recueil de contes, dits, fabliaux, et autres pièces inédites des XIIIe, XIVe et XVe siècles... mis au jour par A. Jubinal. *Paris*, 1839, 2 vol. in-8, d.-rel., mar. bl., n. r., dor. en tête.

146. — Le Castoiement ou instruction du père à son fils... composé dans le treizième siècle. (Publié par Barbazan). *Paris*, 1760, in-12, d.-rel. mar.

147. — Zwei fabliaux aus einer neuenburger handschrift herausgegeben von A. Keller. *Stuttgart*, 1840, in-8, br.

148. — Le bel inconnu ou Giglain fils de messire Gauvain et de la fée aux blanches mains, poème de la table ronde par Renault de Beaujeu, poète du XIIIe siècle. Publ. avec une introd. et des notes par C. Hippeau. *Paris, A. Aubry*, 1860, in-8, br.

149. — Le bestiaire d'amour, par Richard de Fournival. Publ. par C. Hippeau. *Paris, A. Aubry*, 1860, in-8, br., fig.

150. — Gedichte von Jehan de Condet nach der Casanatensischen handschrift herausgegeben von A. Tobler. *Stuttgart*, 1860, in-8, d.-rel. mar.

Publié d'après un manuscrit du XIVe siècle.

151. — Le roman d'Aubery le Bourgoing (avec not. de M. P. Tarbé). *Reims*, 1849, in-8, d.-rel. mar., n. r., dor. en tête.

152. — Le roman du Saint-Graal. Publié d'après un man. de la Bibl. Roy, par Fr. Michel. A. *Bordeaux*, 1841, pet. in-8, d.-rel. mar. r.

153. — Li roumans de Cleomadès, par Adenes li rois. Publ. d'après le man. de la bibl. de l'Arsenal, par A. Van Hasselt. *Bruxelles*, 1865, 2 vol. in-8, br.

154.— Li roumans de Berte aus grans pies, par Adenès li Rois. Poème publié d'après le man. de la Bibl. de l'Arsenal, avec notes et variantes par M. Aug. Scheler. *Bruxelles*, 1874, in-8, br.

155. — Le roman de la rose, par Guill. de Lorris et Jean de Meun dit Clopinel. Revu sur plusieurs éditions. (Par Lenglet du Fresnoy). A *Paris*, 1735, 3 vol. in-12, v. m.

156. — Dits de Watriquet de Cauvin, publ. pour la première fois d'après les man. de Paris et de Bruxelles et acc. de variantes et de notes, par A. Scheler. *Bruxelles*, 1868, gr. in-8, pap. de Holl., d.-rel. mar., n. r., dor. en tête.

157. — Poésies de Marie de France, poète anglo-normand du XIIIe siècle, publ. par de Roquefort. *Paris*, 1832, 2 vol. in-8, d.-rel. mar., n. r., dor. en tête.

158. — Œuvres complètes de Rutebeuf, trouvère du XIIIe siècle. Rec. et mises au jour par Achille Jubinal. *Paris*, 1839, 2 vol. in-8, d.-rel. mar., n. r.

159. — Complainte et enseignements de Françoys Garin. *Paris*, 1832, in-4, pap. vél. mar. rouge, dor. en tête.
Tiré à cent exemplaires numérotés.

160. — Trouvères. Chansons de geste, in-4, cart., n. r.
Fragment tiré à part du tome 22 de l'histoire littéraire de la France.

161. — Jongleurs et Trouvères, ou choix de saluts, épîtres, rêveries et autres pièces légères des XIIIe et XIVe siècles, publ. par M. A. Jubinal. *Paris*, 1835, in-8, d.-rel.

162. — Œuvres complètes du Trouvère Adam de la Halle. (Poésies et musique), publ. par E. de Coussemaker. *Paris*, 1872, gr. in-8, br.

163. — Recueils de chants historiques français depuis le XIIe siècle jusqu'au XVIIIe. Publié par M. Leroux de Lincy. *Paris*, *Ch. Gosselin*, 1842, 2 vol. in-12, d.-rel. mar., n. r., dor. en tête.

164. — Amis et Amiles und Jourdains de Blaivies. Zwei altfranzosische heldengedichte des kerlingischen sagenkreizes. *Erlangen*, 1852, in-8, br.

165. — Lais inédits des XIIe et XIIIe siècles, publiés d'après les

man. de France et d'Angleterre, par Fr. Michel. *Paris, Techener*, 1836, in-8, d.-rel. mar., n. r.

166. — Romvart. Beitraege zur kunde mittelalterlicher dichtung aus italiaenischen bibliotheren von A. Keller. *Mannheim et Paris*, 1844, in-8, d.-rel. mar.

Extraits de manuscrits du moyen-âge existant dans diverses bibliothèques de l'Italie.

167. — Merangis de Portlesguez, roman de la table ronde, par Raoul de Houdenc. Publié par M. H. Michelant. *Paris, Tross*, 1869, in-8, pap. de Holl., br., figures.

168. — Lai d'Ignaures, en vers du XIIe siècle, par Renaut. Suivi des lais de Mélion et du Trot, en vers du XIIIe siècle. Publ. par MM. Monmerqué et Fr. Michel. *Paris, Silvestre*, 1832, in-8, pap. vél.

169. — Le Pas Salhadin, pièce historique en vers, relative aux croisades. Publié pour la prem. fois d'après le man. de la bibl. du Roi, par G.-S. Trebutien. *Paris, Silvestre*, 1836, gr. in-8, d.-rel. mar.

170. — Partonopeus de Blois. Publ. d'après le man. de la bibl. de l'Arsenal. *Paris, Crapelet*, 1834, 2 vol. gr. in-8, pap. vél. cart., n. r.

171. — Dits et contes de Baudouin de Condé et de son fils Jean de Condé, publiés d'après les manuscrits par Aug. Scheler. *Bruxelles*, 1866-1867, 3 vol. gr. in-8, d.-rel. chagr., n. r. dor. en tête.

172. — Les œuvres de Blondel de Neele. *Reims*, (*Tarbé*), 1862, in-8, br.

173. — Les poésies du duc d'Orléans, publ. sur les man. de la bibl. de Grenoble, par Champollion-Figeac. *Paris*, 1842, in-12, d.-rel. mar. bl., n. r., dor. en tête.

174. — Vers sur la mort, par Thibaud de Marly, publ. d'après un man. de la Bibl. du Roi. *Paris, Crapelet*, 1835, gr. in-8, pap. vél. br.

175. — Poésies morales et historiques d'Eustache Deschamps. Publ. d'après un man. de la Bibl. du Roi. *Paris, Crapelet*, 1832, gr. in-8, d.-rel. v. f., n. r.

176. — Chefs-d'œuvre poétiques des dames françaises depuis le treizième siècle jusqu'au dix-neuvième. *Paris, Paulin*, 1841, in-12, d.-rel. mar., n. r.

177. — Mystères inédits du quinzième siècle, publ. pour la première fois par A. Jubinal. *Paris, Techener*, 1837, 2 vol. in-8, d.-rel. chagr., n. r., dor. en tête.

178. — Mystères inédits du quinzième siècle, publiés pour la première fois par M. Ach. Jubinal. *Paris*, 1837, 2 vol. in-8, d.-rel. chagr., n. r., dor. en tête.

179. — Poésies de Marg.-Éléon.-Clotilde de Vallon-Chalys, depuis Mme de Surville ; poète français du XVe siècle, publ. par Ch. Vanderbourg. *Paris*, 1803, in-8, d.-rel. mar.

180. — Orlando furioso di Lud. Ariosto. *In Parigi*, 1805, 4 vol. gr. in-8, d.-rel. chagr., n. r., dor. en tête. Figures de Cochin.

181. — Roland fvrievx, mis en françois, de l'italien de messire Loys Arioste, noble ferraroys. *A Lyon, par B. Honorat*, 1577. Cinq chants novveavx de M. L. Arioste, suyuans la la matiere du furieux... tr. en fr. par G. Chappvys, tourangeau. *Lyon*, 1576, 2 part. en 1 vol. pet. in-8, mar. bl. tr. rouge. (Rel. mod.)

182. — Le Petrarqve en rime françoyse avecq ses commentaires, tradvict par Ph. de Maldeghem, sr de Leyschot. *A Bruxelles*, 1600, pet. in-12, mar. bl.

183. — Les poésies de Guill. Coquillart, official de l'église de Reims. *Paris*, 1723, in-12, mar. r. dent., tr. dor.

184. — Les œuvres poétiques de Mellin de S. Gelais. *A Lyon, par A. de Harsy*, 1574, in-12, v. br.

Réimpression faite au XVIIIe siècle.

185. — Œvvres poetiques de Remy Belleav. *A Lyon, povr Thomas Sovbron*, 1692, 2 tom. en 1 vol. pet. in-12, mar. br.

186. — Les œvvres de Pierre de Ronsard, gentilhomme vandosmois. *A Paris, chez Nic. Bvon*, 1604, 10 tom. en 5 vol. pet. in-12, maroq. citron.

Le titre du tome premier est endommagé.

187. — Recveil des sonnets, odes, hymnes, elegies et avtres pieces retranchees aux éditions precedentes des œuures de P. de Ronsard, gentil-homme vandômois. *Paris*, 1617, in-12, mar. citron.

188. — L'hymne des daimons de P. de Ronsard, commenté par N. Richelet, parisien. *A Paris, chez N. Bvon*, 1614, pet. in-8, cart.

189. — Les œuures de Clément Marot. *A Lyon, par Iean de Tovrnes*, 1579, 2 tom. en 1 vol. in-16, mar. bl., fig. sur bois. (Rel. de Malet).

190. — Les œuvres de Jean Marot. *A Paris, chez Coustelier*, 1723, in-12, d.-rel. mar.

191. — Du Bellay (Joachim) le premier livre des antiqvitez de Rome. Id. Les divers Ievx rvstiqves et avtres œvvres poeti-

ques. Id. Les regrets et avtres œvvres poetiques. *A Paris, de l'impr. de P. Morel*, 1558-1559, 3 vol. in-4, cart. et d.-rel. maroq. dor. en tête.

192. — La Sepmaine, ov création dv monde, de G. de Sallvste, Sr dv Bartas. *A Paris, pour Michel Gadoulleau*, 1579, pet. in-12, mar. br. (qq. ff. tachés).

193. — Les œvvres de Phil. des Portes. *A Lyon*, 1618, in-18, mar. bl.

194. — Devx discovrs de la natvre dv monde et de ses parties... par Pontvs de Tyard, Sr de Bissy. *Paris, Mamert-Patisson*, 1578, in-4, vél. (qq. monill.)

195. — Etude sur le seizième siècle. France et Bourgogne. Pontus de Tyard, Sr de Bissy, par Abel Jeandet. *Paris, A. Aubry*, 1860, in-8, d.-rel. mar., dor. en tête. (Lettre de l'auteur ajoutée).

196. — Les satyres et autres œvvres dv sievr Regnier. *A Roven et Paris*, 1667, in-12, d.-rel. mar.

197. — Les œvvres dv sievr de Saint-Amant. *Impr. à Orléans et se vendent à Paris*, 1661, pet. in-12, mar. bl., ornements sur les plats, tr. dor.

198. — Les œvvres de M. Cl. Favchet, avec le recueil de l'origine de la langue et poésie françoise, ryme et romans, plus les noms et sommaires des œuvres de CXXVII poètes françois vivans avant l'an MCCC). *Paris*, 1610, in-4, v. m.

199. — Les œvvres dv sievr de Sainct-Amant. *A Roven*, 1642, pet. in-12, d.-rel. mar.

200. — Poesies diverses par M. de Scvdery, gouuerneur de Nostre-Dame de la Garde. *Paris*, 1649. Le cabinet de M. de Scvdéry, 1re partie. *Paris*, 1646, 2 ouvr. en 1 vol. in-4, vél. front. gravé.

Bel exemplaire.

201. — Novveav recveil de diverses poesies dv sievr Theophile. La plusspart faites durant son exil. *Paris*, 1627, pet. in-12, d.-rel.

202. — Les œvvres de Monsieur Sarasin. *Paris*, 1663, in-12, d.-rel. mar.

203. — Les chevilles de Me Adam, menvisier de Nevers. Sec. édit. *A Roven*, 1654, in-12, mar. bl. dor. en tête.

204. — Les œvvres de Theophile, diuisées en trois parties. *Roven*, 1636, in-12, d.-rel. mar.

205. — Les bergeries de Mre Honorat de Bveil, chevalier sievr de Racan. *A Paris*, 1635, in-12, d.-rel. mar.

206. — Recveil de tovtes les pièces faites par Theophile, depvis sa prise iusques à présent. *Paris*, 1625, in-12, d.-rel. mar.

207. — Les exercices de ce temps contenant plusieurs satires contre les mauvaises mœurs (par Thomas de Courval). *Caen*, 1617, in-18, d.-rel. mar.

208. — La Pucelle d'Orléans, poème divisé en vingt chants, avec des notes (par Voltaire). *S. l.*, 1762, in-8, v. f., figures d'Eisen et Gravelot.

209. — Leconte de Lisle, poèmes antiques. *Paris*, 1852, in-12, br.

210. — Les poésies de Catulle Mendès. *Paris*, 1878, gr. in-8, gr. (Envoi de l'auteur).

211. — Hymnes de la dernière heure, par L.-Ch. Caillaux. *Nice*, 1858, in-8, d. rel. mar.

Envoi autographe et lettre de l'auteur à M. Antony Méray.

THÉATRE.

212. — Les six comedies de Terence, tres excellent poete comiqve, auec les fleurs, phrases, sentences et manieres de parler tres excellentes dudit auteur... le tout latin et françois. *A Paris, Cl. Micard*, 1578, in-16, mar. r.

213. — Le Grant Therece en françoys, tant en rime que en prose, nouuellement imprimé à Paris. *On les vend.... chez Jehan Petit*, 1529, pet. in-fol., v. m.

Nombreuses figures sur bois. — Les marges de quelques feuillets ont été réparées.

214. — Théâtre de Hrotsvitha, relig. allem. du xe siècle, trad. avec le texte latin, avec notes par Ch. Magnin. *Paris*, 1845, in-8, d.-rel. mar. rouge, n. r., dor. en tête.

215. — Relation de l'ordre de la triomphante et magnifique monstre du mystère des S.S. Actes des Apostres, par Arnoul et Simon Greban, ouvr. inéd. de J. Thiboust... suivie de l'inventaire de la Ste-Chapelle de Bourges, etc., le tout recueilli par Maistre Labouvrie. *Bourges*, 1836, in-8, d.-rel., n. r., dor. en tête, plans et figures.

216. — Le Théâtre Italien ou le recueil de toutes les scènes françoises qui ont esté jouées sur le théâtre italien de l'hostel de Bourgogne. *A Paris*, 1694, in-12, d.-rel. mar.

217. — Théâtre français au moyen-âge, publ. d'après les man. par MM. Monmerqué et Fr. Michel. *Paris*, 1839, gr. in-8, d.-rel.

218. — Qvattro comedie del divino Pietro Aretino. Cioe : Il Marescalco. — La Cortegiana. — La Talanta. — L'Hipocrito. *S. l.*, 1588, pet. in-12, cart.

219. — Les tragedies de Robert Garnier. *A Rouen*, 1616, pet. in-12, mar. r.

220. — Les Menechmes, comedies de Rotrov. *Paris*, 1634, in-4, vél. (*Morceau du titre enlevé*).

ROMANS.

221.— Les amours pastorales de Daphnis et Chloé, escrites en grec par Longus et translatées en françois (par J. Amyot). *A Lille*, 1792, pet. in-8, v. m., fig. d'après les dessins du Régent.

222. — La comtesse de Ponthieu, roman de chevalerie inédit... trad. et publ. par A. Delvau. *Paris*, 1865, in-8, d.-rel. mar., n. r., dor. en tête.

223. — La Prison d'Amour, manuscrit du xve siècle de 92 feuillets sur vélin, avec initiales peintes, in-4, mar. violet.

Petit roman allégorique, moitié en vers et moitié en prose, composé dans le style précieux du xive siècle. (Note de M. Ant. Méray).

224. — Carcer damore traduto dal magnifico miser Lelio di Manfredi Ferrarese : di idioma spagnuola in lingua materna. *In Venetia. G. de Rusconi*, 1518, in-12, goth., vél.

225. — Histoire de Huon de Bordeaux, pair de France, duc de Guienne. — Histoire des nobles prouesses et vaillances de Gallien restauré.— Les quatre fils Aymon. *Troyes, Ve Garnier et Montbéliard*, 3 vol. in-4, d.-rel.

226. — Le valevrevx Don Quixote de la Manche.... trad. fidel. de l'esp. de M. de Ceruantès par Cesar Ovdin. *Paris*, 1632, 2 vol. pet. in-8, vél. (*Mouill.*).

227. — Le printemps d'yver, contenant cinq histoires discourues par cinq iournées, en vne noble compagnie, au chasteau du Printemps, par Iaques Yuer, gentilhomme poictevin. *A Lyon, par B. Rigaud*, 1578, in-18, mar. vert, tr. dor.

228. — Histoire des avantvres heureuses et malheureuses de Fortvnatvs qu'il a eues en son voyage... nouuell. trad. d'espagnol en françois. *A Paris (vers* 1620), in-12, d.-rel. mar.

229. — Histoire comiqve, ov les avantvres de Fortunatus. Trad. nouuelle, reueue et augm. d'vne lettre burlesque de Monsieur Dalibray. *A Lyon*, 1655, in-12, vél.

230. — Les œvvres de M. Fr. Rabelais. *A Lyon, par I. Martin*, 1596, in-12, mar. cit., dent., tr. dor. (*Anc. rel.*).

231. — Œuvres de François Rabelais. *Londres et Paris, chez J. F. Bastien*, 1783, 2 vol. in-8, mar. br.

232. — L'Heptameron ov histoires des amans fortvnez, des novvelles de tres illustre et tres excellente princesse Marg. de Valois, royne de Navarre. Remis en son vray ordre... par Cl. Gruget. *A Roven*, 1598, pet. in-12, d.-rel. v. f.

233. — La vraye histoire comiqve de Francion, composée par N. de Movlinet, Sieur dv Parc. *Roven et Paris*, 1663, pet. in-12, d.-rel. mar.

234. — Mémoires de Hollande. Histoire particulière en forme de roman, par Mme la Cesse de La Fayette, 4e édit. revue par Parison. *Paris, Techener*, 1856, in-12. mar. vert, tr. dor., portraits.

235. — Furetière. Le roman bourgeois. *A Nancy*, 1712, in-12, mar. br., fig.

236. — Une journée des Parques, div. en deux séances, par M. le Sage. *A Paris, chez P.-J. Ribou*, 1735, in-12, d.-rel. mar. fig.

237. — Les posthumes (par Rétif de la Bretonne). *Paris*, 1802, 4 vol. in-12, d.-rel. mar., n. r., dor. en tête.

238. — Méray (Antony). Priape et la comtesse. *Paris, J. Laisné*, 1847, pet. in-8, d.-rel., n. r., dor. en tête.

239. — Id. La part des femmes. *Paris, Librairie phalanstérienne*, 1847, in-12, d.-rel. mar., dor. en tête.

Avec une note de l'auteur indiquant que cet exemplaire est le seul tiré avec le texte complet.

240. — Id. Tribulations d'un joyeux monarque. *Paris, Dentu*, 1864, in-12, d.-rel. mar., n. r., dor. en tête.

241. — Id. Violette. *Paris, Hachette*, 1861, in-12, d.-rel. mar., n. r., dor. en tête.

CONTES. — NOUVELLES. — FACÉTIES. — SATIRES.

242. — Contes et nouvelles de Boccace. Trad. libre accommodée au goût de ce temps. *A Cologne*, 1732, 2 vol. in-12, v. f., fig. de Romeyn de Hooge.

243. — Le décameron de M. Iean Bocace florentin, tradvict d'italien en françoys par maistre Ant. le Maçon. *A Lyon, par G. Roville*, 1558, in-16, mar. bl., fig. sur bois.

244. — Bocace des nobles malheureux. *Nouvellement imprimé à Paris, lan mil cinq cens XXXIII*, pet. in-f°, mar. rouge, front. sur bois.

Imitation d'ancienne reliure.

245. — Histoires tragiques extraictes des œuvres italiennes de Bandel, et mises en langue françoise : les six premieres par P. Boaistuau... et les suivantes par Fr. de Belleforest. *A Paris, chez G. Beon*, 5 vol. in-18, v. gr.

246. — L'Hore di recreatione di M. Lodovico Gvicciardini patritio Fiorentino. *In Anversa*, 1568, in-18, d. rel. mar.

247. — Le theâtre des divers cerveavx dv monde... traduict d'italien, par G. C. D. T. *A Paris*, 1586, in-18, mar. br.

248. — Les azolains de mon Seigneur Pierre Bembo, de la nature d'amour. Traduict d'italien en françois, par I. Martin. *Paris*, 1576, in-18, bas.

249. — Il libro del cortigiano del conte Baldesar Castiglione. *In Venetia nelle case d'Aldo*, 1528, in-f°, v. f.

Taches d'humidité sur les marges.

250. — Poggii Florentini..... orationes. Invectivae-Epistolae.... facetiarvm liber. *Impr. Argentine... I. Knoblouchum*, 1510, pet. in-f°, vél.

Avec frontispice et belles lettres gravées sur bois.

251. — Les faceties de Poge, florentin... trad. franç. de Guill. Tardif du Puy en Velay, docteur du roi Charles VIII... avec notes par M. A. de Montaiglon. *Paris*, 1878, in-8, br.

252. — Les hevres de recreation et après-disnées de Louys Guicciardin. Tr. d'italien en françois, par Fr. de Belle-Forest. *A Rouen* (vers 1580), in-16, d.-rel.

253. — Ettore fieramosca o la disfida di Barletta di Massimo d'Azeglio. Edizione ornata di 200 disegni originali di I. de Moraine. *Torino*, 1842, gr. in-8 vél.

254. — I Marmi del doni academico peregrino. *In Venegia*, 1552, 4 part. en 1 vol. in-4°, v. f., gr. nombre de fig. sur bois.

255. — Lettere di Pietro Aretino. *In Parigi*, 1609, 6 vol. pet. in-8, d.-rel.

256. — Lettres facetievses et svbtiles de Cesar Rao d'Alexan... non moins plaisantes et recreatiues que morales.... traduictes d'ital. en fr. par G. Chappuys. *A Lyon*, 1584, in-16, mar. br.

257. — Les facecievses nvicts dv Sr Ian François Straparole. *A Lyon, par B. Rigavd*, 1596, in-16, mar. vert.

258. — Les facecieuses nuits de Straparole. Tr. d'italien en françois, par P. de Larivey, Champenois. *Amst.*, 1725, 3 vol. pet. in-12, d.-rel. mar.

259. — Les cent nouvelles nouvelles. Edition revue sur les textes orig. et préc. d'une introd. par Le Roux de Lincy. *Paris, Paulin*, 1841, 2 vol. in-12, d.-rel. mar., n. r., dor. en tête.

260. — Les contes et discovrs d'Evtrapel, par le feu Sr de la Herissaye, gentilhomme breton. *A Rennes, pour N. Glamel*, 1598, in-16, mar. bl.

261. — Les bigarrvres et tovches du Seignevr des Accords. Avec les apophthegmes dv sievr Gavlard et les escraignes Dijonnoises. *A Roven*, 1616, pet. in-12, mar. bl., tr. dor.
Bel exemplaire.

262. — Les bigarrvres dv Seignevr des Accords. *A Paris, chez Iehan Richer*, 1583, in-16, mar. bl.

263. — Serées de Gvillavme Bovchet ivge et consul des marchands. Livre premier. *Impr. sur la copie faicte à Poictiers*, 1585, in-16, mar. v. (Rel. de Malet.)

264. — Les contes et discovrs bigarrez dv sievr de Cholières. *A Paris, par A. du Brueil*, 1611, pet. in-12, vél. (mouill.)

265. — Les visions de D. Francico de Quevedo.... trad. de l'esp. par M. de la Geneste. *A Blois*, 1645, pet. in-12, vél. (mouill.)

266. — Les oevillets de recreation où sont contenues sentences, aduis, exemples et histoires tres agreables pour toutes sortes de persones desireuses de lire choses curieuses, ès deux langues françoise et espagnole, par Ambr. de Salazar. *A Brvsselles*, 1625, pet. in-12, d.-rel. mar.

267. — Erasme, l'éloge de la folie, trad. par M. Gueudeville. *Amsterdam*. 1728, in-12, mar. br., fig. d'Holbein.

268. — Apologie pour Hérodote, par H. Estienne, avec introd. et notes par P. Ristelhuber. *Paris, Liseux*, 1879, 2 vol. in-8, br.

269. — Les dialogves de feu Iaqves Tahureav gentil-homme du Mans. *En Envers par P. Vibert*, 1568, in-16, v. f.

270. — Les diverses leçons de P. Messie, gentil-homme de Séville... mises en françois par Cl. Gruget. *Paris*, 1554, pet. in-8, peau de truie.

271. — Les diverses leçons d'Ant. dv Verdier, Sievr de Vaupriuas, gentilh. forésien. *A Tovrnon*, 1616, pet. in-8, v. m.

272. — Facetiarvm Henrici Bebelii poetae... libri tres. *Tubingae*, 1542, in-12, mar. br.

273. — Les avantures du Baron de Foeneste, par Theodore Agrippa d'Aubigné. *A Cologne*, 1729, 2 tom. en 1 vol. in-12, peau de truie.

274. — L'art de désoppiler la rate. *A Gallipoli de Calabre, l'an des folies*, 175884, pet. in-12, v. m.

275. — Menagiana, ou bons mots, rencontres agréables, pensées judicieuses, etc. de M. Ménage. *A Paris*, 1695, 2 vol. pet. in-12, mar. bl.

276. — Mémoire pour servir à l'histoire de la fête des foux qui se faisoit autrefois dans plusieurs églises, par M. du Tillot. *A Lausanne*, 1751, in-12, mar. r. (Arm. sur les plats.)

277. — Réflexions sur les grands hommes qui sont morts en plaisantant, par Deslandes. *Amsterdam*, 1776, in-12, d.-rel. mar. dor. en tête.

Signature de l'abbé de La Mennais sur le titre.

278. — Macaroneana andra, overum nouveaux mélanges de littérature macaronique, par O. Delepierre. *Londres*, 1862, in-8, cart. n. r.

279. — Opus Morlini, complectens novellas, fabulas et comoediam, integerrime datum... maximà curà impensis P. S. Caron. *Parisiis*, 1799, pet. in-8, vél., fig.

280. — Contes et nouvelles en vers, par M. de la Fontaine. *A Amsterdam*, 1696, 2 tom. en 1 vol. in-12, bas., fig. de R. de Hooge.

281. — Histoire des flagellans, ou l'on fait voir le bon et le mauvais usage des flagellations parmi les chretiens. *Amst.*, 1701, in-12, d.-rel. mar. r.

282. — Les délices de la sagesse sur l'amour conjugal et les voluptés de la folie sur l'amour scortatoire, par Emm. Swedenborg, trad. du latin par J. P. Moët. *Paris*, 1814, in-8, d. rel.

OUVRAGES SUR L'AMOUR.

283. — Le Peregrin : dialogue tres elegant... traictant de l'honneste et pudicque amour... traduict de vulgaire italien en langue françoyse, par maistre François Dassy, conterouleur des boiz de la maryne en Bretaigne. *Lyon*, 1533, pet. in-f°, mar. vert, fig. sur bois.

284. — Libro del peregrino diligentemente in lingua toscha correcto. Et nouamente stampato, et historiato. *In Venetia*, 1520, in-12, vél., figures sur bois.

Avec la préface à Lucrèce Borgia.

285. — Philosophie d'amovr de M. Léon Hebrev. Traduicte d'italien en françois, par le Seignevr du Parc, champenois. *Lyon*, 1551, in-8, v. f., front. sur bois.

286. — Exortation avx dames vertveuses, en laquelle est demonstré le vray poinct d'honneur. Avec l'Hecatonphile de M. L. B. Albert, contenant l'art d'aymer mis en deux langues, pour ceux qui désirent conferer la langue italienne avec la françoise. *Paris*, 1596, pet. in-12, d.-rel. dos et coins de mar.

287. Aresta amorvm LII accur. Bened. Curtii. *Parisiis*, 1566, pet. in-12, mar. bl.

288. — Dubbi amorosi, altri dubbi, e sonetti lussuriosi di Pietro Aretino. *In Roma*, 1792, pet. in-12, d.-rel. mar.

289. — Les quinze joies de mariage. *Paris*, *Teohener*, 1837, petit in-8, pap. de Holl., mar. bl., n. r, dor. en tête, fig. sur bois.

Edition faite sur celle de Iehan Trepperel.

290. — Dufour, histoire de la prostitution chez tous les peuples du monde. *Paris*, 1851-53, 6 tom. en 3 vol. in-8, d.-rel. chagr., fig.

291. — Le droit de la femme dans l'antiquité, son devoir au moyen-âge, d'après des man. de la bibl. nat., par L. de Backer. *Paris Claudin*, 1880, in-8, br.

292. — La vray disant aduocate des dames. (*Lille*, *impr. Horemans*), XIXe siècle, in-8, d.-rel. mar.

293. — De l'excellence et de la superiorité de la femme. Ouvr. trad. du latin d'Agrippa, avec les commentaires de Roetitg. *Paris*, 1801, pet. in-8, pap. vél., d.-rel., mar., n. r., dor. en tête.

294. — Joannis Meursii elegantiæ latini sermonis. *Londinis*, 1781, 2 vol. in-18, d.-rel., n. r.

295. — Joanis de Neuizanis, Sylua nuptialis. *Impr. Lugduni per Joann. Moylin*, 1526, pet. in-8, d.-rel. mar. r.

Ce recueil peut servir de Manuel bibliographique en matière de joyeusetés (A. Meray).

296. — De l'amour, par Stendhal. *Paris*, 1833, 2 tomes en 1 vol., pet. in-8, d.-rel., n. r.

HISTOIRE

GÉOGRAPHIE. — VOYAGES.

297. — Cosmographie, ou description des quatre parties du monde..., corr. et augm. par Gemma Frison, excellent geogr. et mathem. *En Anuers*, 1581, in-4, cart., figures mobiles.

298. — L'art de navigver de P. de Medine, espagnol, contenant toutes les reigles, secrets et enseignemens necessaires à la bonne nauigation, traduict de castillan en françois... par Nic. de Nicolaï, du Dauphiné. *A Lyon, G. Roville*, 1576, in-4, mar. br. (*Rel. de Haas*).

299. — Glareanus (H.) de geographia liber unus, ab ipso authore iam nouissime recognitus. *Parisiis*, 1550, in-4, vél.

Un des chapitres de cet ouvrage traite de l'Amérique.

300. — L'Histoire vniverselle dv monde, contenant l'entiere description et situation des quatre parties de la terre...., diuisee en quatre liures par Fr. de Belle-Forest. *Paris*, 1570, in-4, vél.

Les marges des derniers feuillets ont été rongées.

301. — Les voyages merveilleux de Saint Brandan à la recherche du Paradis terrestre, légende en vers du XIIe siècle, publiée d'après le man. du Musée britannique par Fr. Michel. *Paris, Claudin*, 1878, pet. in-8, br.

Avec une lettre d'envoi de Fr. Michel à Antony Méray.

302. — Historia de gentibvs septentrionalibvs, authore Olao Magno. *Antverpiæ*, 1562, in-12, vél., fig. sur bois.

303. — Abrégé histor. et chronolog. des principaux voyages de découvertes par mer depuis l'an 2000 avant J.-C. jusqu'au comm. du XIXe siècle, par M. Bajot. *Paris, impr. Roy.*, 1836, in-8, cart., n. r.

304. — Recueil de diverses histoires tovchant les sitvations de toutes regions et pays contenuz ès trois parties du monde..., nouuellem. traduict de latin en françois. *A Paris, Arnoul L'Angelier*, in-12, dem.-rel. mar.

305. — Alexandri Macedonis quondam illius magni regis ad Aristotelem præceptorem de rebus Indiæ mirabilibus epistola... *Prostat Lutetiæ*, 1537, in-12, dem.-rel. maroq.

306. — Iovrnal ov relation exacte dv voyage de G. Schovten dans les Indes...; ensemble des nouuelles terres auparavant

incognues, isles, fruicts, peuples et animaux estranges qu'il a trouué en son chemin... *Paris*, 1618, pet. in-8, vél., cartes et figures.

306 *bis*. — Sonnerat. Voyage aux Indes Orientales et à la Chine, fait par ordre du roi, depuis 1774 jusqu'en 1781. *Paris*, 1782, 2 vol. in-4, peau de truie, fig.

307. — Historia natvrale, e morale delle Indie; scritta dal R. P. G. di Acosta. *In Venetia*, 1596, in-4, vél.

308. — Histoire vniverselle des Indes Occidentales, diuisee en deux liures, faicte en latin par M. Wytfliet, nouuellement traduicte. *A Dovay, l'an 1607*, pet. in-fol., v. m., fig. (*Qq. ff. ont été réparés*).

L'on a ajouté à cet exemplaire le plan de la nouvelle France, extrait de l'ouvrage de Marc-Lescarbot, publié en 1609.

309. — Anciennes relations des Indes et de la Chine de deux voyageurs mahométans qui y allèrent dans le neuvième siècle, trad. d'arabe avec des remarques sur les princip. endroits de ces relations. *Paris*, 1718, in-8, v. m.

310. — Histoire des avanturiers qui se sont signalez dans les Indes, contenant ce qu'ils ont fait de plus remarquable depuis vingt années..., par Oexmelin. *Paris*, 1686, 2 vol. in-12, v. br., fig.

311. — Journal d'un voyage fait aux Indes Orientales par une escadre de six vaisseaux commandez par M. Duquesne, depuis le 24 février 1690 jusqu'au 20 août 1691, par ordre de la Cie des Indes-Orient. *A La Haye*, 1721, 3 vol. in-12, v. br., carte.

312. — Relation du voyage et retour des Indes-Orientales pendant les années 1690 et 1691, par un garde de la marine servant sur le bord de M. Duquesne, commandant de l'escadre. *Paris*, 1693, pet. in-12, dem.-rel. mar.

313. — Relation de tout ce qui regarde la Moscovie, ses habitans et leur grand-duc, tirée des meilleurs auteurs qui en ont parlé jusqu'à présent. *Lyon*, 1688, in-12, bas.

314. — Voyage des pays septentrionavx, dans lequel se void les mœurs, maniere de vivre, superstitions des Norweguiens, Lappons, Kiloppes, etc., par le Sr de la Martinière. *A Paris*, 1676, in-12, dem.-rel. mar., fig.

315. — Description de l'Afriqve..., escrite de notre temps par Iean Leon African..., mise en françois. *A Lyon, par I. Temporal*, 1556, 2 tom. en 1 vol. in-fol., dem.-rel., fig. s. bois.

316. — Lettre escritte en response de diverses questions curieuses sur les parties de l'Affrique ou regne aujourd'huy

Mvley Arxid, roy de Tafilète, par M. ***, qui a demeuré 25 ans dans la Mauritanie. *A Paris*, 1670, pet. in-12, dem.-rel.

317. — Estancelin. Recherches sur les voyages et découvertes des navigateurs normands en Afrique, dans les Indes-Orientales et en Amérique. *Paris*, 1832, in-8, br.

318. — Relation iovrnaliere dv voyage dv Levant faict et descrit par haut et puissant seigneur Henry de Beavvau. *A Nancy*, 1619, in-4, dem.-rel. mar., fig.

Quelques feuillets trop rognés sur les marges de côté.

319. — De Tvrcarvm moribvs epitome, B. Georgieuiz Peregrino autore. *Lvgdvni*, 1578, in-16, v. f., fig. sur bois.

320. — De la repvblique des Turcs, et la ou l'occasion s'offrera des meurs et loy de tous muhamedistes, par G. Postel, cosmopolite. *A Poitiers, par Enguilbert de Marnef*, 1560, in-4, vél., tr. dor.

Ancienne reliure avec ornements sur le dos du volume.

321. — Viaggio di Lodov. Varthema nell'Egypto, Arabia... *In Rome*, 1517, pet. in-12, mar. rouge. (*Le titre manque*).

Edition rare.

322. — Les Voyages de M. Qviclet à Constantinople par terre, enrichis d'annot. par le Sr P. M. L. *A Paris*, 1664, pet. in-12, dem.-rel. mar.

323. — Les Voyages de M. Des Hayes, baron de Covrmesvin, en Danemarc. *Paris*, 1664, pet. in-12, dem.-rel. mar.

324. — Iovrnal dv voyage de M. Collier, resident à la Porte, trad. du flament. *Paris*, 1672, pet. in-12, v. gr.

325. — La novvelle conversion dv roy de Perse, auec la deffette de deux cents mil Turcs après sa conuersion. *A Paris*, 1606, in-12, cart.

326. — Les lettres du baron de Busbeke, amb. de l'emp. Rodolphe II en France, trad. du latin. *A Amsterdam*, 1719, in-12, v. br.

Ces 33 lettres de Busbecq sont rares et très piquantes. (Ant. Méray).

327. — Ambassades et voyages en Tvrqvie et Amasie de M Bvsbeqvius, nouuell. trad. en franç. par S. G. et diuisée en quatre liures. *Paris*, 1646, pet. in-8, dem.-rel. mar.

328. — Les voyages et observations dv sievr de la Bovllaye Le Gouz, gentilhomme angevin. *Paris*, 1653, in-4, v. br., fig.

329. — Relation d'un voyage du pôle arctique au pôle antarctique par le centre du monde. *Amst.*, 1723, in-12, v. m.

330. — Histoire de ce qvi s'est passé av royavme dv Tibet, tirée des lettres escriptes en l'annee 1626, adressée au R. P.

Vitelleschi, general de la Cie de Jesus, traduicte d'ital en franç. *Paris*, 1629, in-12, dem.-rel. maroq.

331. — Relation du naufrage d'un vaisseau holandois, sur la cote de l'isle de Quelpaerts, avec la descr. du roy. de Corée, trad. du flamand par M. Minutoli. *Paris*, 1670, in-12, vél.

332. — Histoire dv grand royavme de la Chine, sitve aux Indes Orientales... ; ensemble vn itineraire dv nouueau monde et le descouurement du nouueau Mexique en l'an 1583 ; faicte en esp. par R. P. Ivan Gonçalès de Mendoce..., mise en franç. par Lvc de la Porte. *Paris*, 1589, in-8, vél.

333. — Relation du voyage de M. Evert Isbrand, envoyé de S. M. Czarienne à l'emp. de la Chine en 1692, 1693 et 1694, par le Sr Adam Brand. *A Amsterdam*, 1699, in-12, v. m. carte.

334. — Divers voyages et missions dv P. Alexandre de Rhodes en la Chine et autres royaumes de l'Orient. *A Paris*, 1653, in-4, dem.-rel. mar.

335. — Novveavx advis dv royavme de la Chine, dv Iappon et de l'estat du roy de Mogor, successeur du grand Tamburlan et d'autres royaumes des Indes a luy subiects..., trad. d'ital. en franç. *A Paris*, 1604, pet. in-12, vél.

336. — Journal du voyage de Siam, fait en 1685 et 1686 par M. L. D. C. *A Paris*, 1687, in-4, peau de truie.

337. — Les observations de plvsievrs singularitez et choses memorables trouuees en Grece, Asie, Jvdee, etc., red. en trois liures par P. Belon, du Mans. *Paris*, 1553, in-4, dem.-rel. mar., fig. sur bois.

338. — Historiale description de l'Ethiopie, contenant vraye relation des terres et païs du grand roy et empereur Prete-Ian... *En Anvers*, 1558, pet. in-12, mar. br.

Le titre est remargé.

339. — Æneæ Silvii Senensis, de bohemorum origine, ac gestis historia. *Salingiaci*, 1538, in-12, vél.

340. — Voyage d'Espagne cvrievx, historique et politique fait en l'annee 1655, dedie à S. A. R. Mademoiselle. *A Paris*, *Ch. de Sercy*, 1665, in-4, mar. r.

341. — Le Voyage de l'illustre seigneur et cheualier François Drach, admiral d'Angleterre, à l'entour du monde. *A Paris*, 1627, pet. in-8, dem.-rel. (*La carte manque*).

342. — Histoire de Chr. Colomb, trad. de l'ital. du chev. Bossi par C. M. Urano. *Paris*, 1824, in-8, br. — Correspondance de Fernand Cortès avec l'emp. Charles-Quint sur la con-

quête du Mexique, trad. par M. le vicomte de Flavigny. *Paris*, 1776, in-12, v. m.

343. — Histoire generalle des Indes occidentales et terres neuues, qui iusques a present ont este descouuertes, trad. en françois par M. Fumee, sieur de Marly le Chastel. *A Paris*, 1568, in-12, dem.-rel. mar.

Le dernier feuillet de la table manque.

344. — Histoire naturelle et morale des Iles Antilles de l'Amérique.., avec un vocabulaire caraïbe. *A Roterdam*, 1665, in-4, peau de truie, figures.

345. — Journal du voyage fait à la mer de Sud avec les flibustiers de l'Amérique, par le Sr Raveneau de Lussan. *Paris*, 1705. — Journal d'un voyage sur les costes d'Afrique et aux Indes d'Espagne, avec une description particulière de la rivière de la Plata..., commencé en 1702 et fini en 1706. *Amst.*, 1730. — Ens. 2 ouvr. en 1 vol. in 12, v. m.

346. — Relation historique et geographique de la grande rivière des Amazones dans l'Ameriqve, par le cte de Pagan. *Paris*, 1656, in-8, vél. (*La carte manque*).

347. — Essais sur les isles Fortunées et l'antique Atlantide, ou précis de l'histoire générale de l'archipel des Canaries, par Bory de St-Vincent. *Paris, an XI*, in-4, dem.-rel.

348. — Voyages faits principalement en Asie dans les XIIe, XIIIe, XIVe et XVe siècles, par B. de Tudèle, J. du Plan Carpin, N. Ascelin, G. de Rubruquis, Marc-Paul, etc., accomp. de l'histoire des Sarrazins et des Tartares, par P. Bergeron. *La Haye*, 1735, 2 vol. in-4, bas., cartes.

349. — Les Voyages de M. Payen, dediez a Mgr de Lionne. *Jouxte la copie à Paris*, 1663, pet. in-12, mar. vert, tr. dor.

350. — Voyage de Fr. Pyrard, de Laual, contenant sa navigation aux Indes Orientales, Maldiues, Moluques, Brésil, etc., avec un petit dictionnaire de la langue des Maldiues. *Paris*, 1619, 2 vol. in-12, dem.-rel.

351. — Les voyages du Sr de Villamont, cheualier de l'Ordre de Hierusalem, gentilhomme du pays de Bretaigne. *A Paris*, 1596, pet. in-8, mar. br. (*Qq. ff. tachés*).

352. — Relation dv voyage de Moscovie, Tartarie et de Perse, fait a l'occasion d'vne ambassade enuoyee au grand duc de Moscouie et du roy de Perse, par le duc de Holstein, depuis l'an 1633 iusques en l'an 1639, trad. de l'allem. du Sr Olearivs. *Paris*, 1656, in-4, vél.

353. — Voyages d'Ibn Batoutah dans l'Asie-Mineure, trad. de l'arabe et acc. de notes histor. et géogr. par M. Defrémery. *Paris*, 1851, in-8, dem.-rel.

354. — Journal du voyage de Michel de Montaigne en Italie, par la Suisse et l'Allemagne, en 1580 et 1581, avec des notes par M. de Querlon. *Paris*, 1774, 2 vol. in-12, dem.-rel., dor. en tête, n. r.

355. — Les Portugais en France et les Français en Portugal, par Fr. Michel. *Paris*, 1882, in-8, br.

356. — Le fleuve Amour. Histoire, géographie, ethnographie. par C. de Sabir. *Paris*, 1861, pet. in-fol., dem.-rel. mar., carte et figures.

357. — Les Portugais en France, les Français en Portugal, par Francisque Michel. *Paris*, 1882, in-8, br.

358. — Voyages aériens, par G. Glaisher, C. Flammarion, W. de Fonvielle et G. Tissandier. *Paris, Hachette*, 1870, gr. in-8, dem.-rel. mar. bl., n. r., dor. en tête.

359. — Le Ciel, notions d'astronomie à l'usage des gens du monde, par A. Guillemin. *Paris, Hachette*, 1866, gr. in-8, dem.-rel. mar. bl., n. r., dor. en tète. (*Lettre de l'auteur ajoutée*).

HISTOIRE UNIVERSELLE. — HISTOIRE DE FRANCE.

360. — L'histoire de Thvcide Athenien.... translatee en langue françoise par feu messire Cl. de Seyssel. *A Paris, Iehan Ruelle*, 1555, in-16, d.-rel. v.

361. — Appian Alexandrin, historien grec, des guerres ciuiles des rommeins. *A Lion*, 1557, in-16, v.
Reliure du XVIe siècle, avec compartiments sur les plats.

362. — Histoire de Fl. Iosephe, sacrificatevr hebriev.... le tout trad. nouuell. en françois par Fr. Bourgoing. *Paris*, 1573, 2 vol. pet. in-8, peau de truie.

363. — Le secret et mystère des Iuifz faisant le commancement du premier liure du recueil de Suidas, traduit du grec en vulgaire par François le Feure, natif de Bourges en Berry. Dédié à Madame Marguerite de France, D[esse] de Berry. *A Paris, Iaques Keruer*, 1557, in-18, mar. r., orn. sur les plats. (*Rel. de Haas*).

364. — Histoire d'Herodian, excellent historien grec... translatée du grec en françois par Jacques des Comtes de Vintemille. *Paris, de l'impr. de Fed. Morel*, in-4, vél. (*Qq. mouill.*).

365. — Chronica que dicit : fasciculus temporum. *Uenetiis, impressa... anno domini* 1480, pet. in-fol., vél., fig. sur bois. (*Le titre manque*).

366. — Le promptvaire de tovt ce qvi est advenv plvs digne de memoire, depuis la creation du monde iusques a present... par Iean d'Ongoys, morinien. *A Paris*, 1579, in-16, mar. r.

367. — Le registre des ans passez puis la creation du monde iusques à l'annee presente mille cinq cens XXXII. *A Paris, Galliot du Pré*, 1532, in-4, peau de truie, figures sur bois.

368. — La mer des cronicques et mirouer hystorial de France, iadis compose en latin par... Robert Gaguin.... traduict de latin en vulgaire françoys. *Impr. à Paris, mil cinq centz XXXVI*, pet. in-fol., bas. (*Lég. piq. de vers*).

369. — La mer des croniques et mirouer hystorial de France, jadis composé en latin par R. Gaguin... nouuellement traduict... en vulgaire françois... *Paris, Fr. Regnault*, 1530, pet. in-fol., v. br., figures sur bois.

Le dernier feuillet manque.

370. — Chronique de Turpin. *Paris, Silvestre*, 1835, pet.in-4, caract. goth., d.-rel.

371. — Chronique abrégée du roi Richard Cœur de Lion. Extrait d'une hist. univ. compilée par Jehan Raveneau, rel. de St-Wandrille, publ. d'après un man. du xve siècle de la Bibl. de Rouen, par A. Pottier. *Rouen*, 1841, gr. in-8, d.-rel. maroq.

372. — Chronique rimée relatant divers événements de l'histoire de France arrivés pendant le xiiie et le xive siècle, publiée d'après un manuscrit de la bibliothèque de Rouen, par A. Pottier. *Rouen*, 1837, gr. in-8, d.-rel. mar., n. r.

373. — Les grandes chroniques de France, selon qu'elles sont conservées en l'église de Saint-Denis en France, publiées par M. Paulin-Paris. *Paris, Téchener*, 1836, 6 vol. in-8, d.-rel. mar. bl., dor. en tête, n. r.

374. — Le thresor des histoires de France, réduit par tiltres en forme de lieux communs, par Gilles Corrozet. *A Paris*, 1639, pet. in-8, d.-rel. mar.

375. — Les tres elegantes : tres veridiques et copieuses annales... par maistre Nicole Gilles. *A Paris, Nic. Gilles*, 1528, 2 part. en 1 vol. pet. in-fol., d.-rel. mar., fig. sur bois.

376. — Les Illustrations de Gaule et singularitez de Troye, auec les deux epistres de Lamant vert, composées par Jan le Maire de Belges. *Impr. à Paris, l'an* 1517, 2 part. en 1 vol. in-4, vél.

377. — Les anciennes et modernes genealogies des roys de France, et mesmement du roy Pharamond, auec leurs epi-

taphes et effigies. *On les vend à Paris*, 1537, in-12, goth., mar. r., tr. dor.

378. — La chronique des roys de France, puis Pharamond iusques au roy Henry, second du nom, selon la computation des ans, iusques en l'an mil cinq cens quarante et neuf... (par I. du Tillet). *A Paris, par Galiot du Pré*, 1549, in-12, vél.

379. — La croniqve dv tres chrestien et victorievx roy Loys vnziesme du nom, auec plusieurs histoires aduenues tant ès pays de France, Angleterre, que Flandres et Artois.... *A Paris, Galliot du Pré*, 1558, in-12, d.-rel. mar.

380. — Flevr de la maison de Charlemaigne, qvi est la continuation des antiquites françoises... rec. par M. le Pres. Favchet. *Paris*, 1601, pet. in-8, d.-rel. mar.

381. — Les antiqvitez gavloises et françoises... rec. par M. le Prés. Favchet. *Paris*, 1599, pet. in-8, d.-rel. mar.

382. — Comptes de l'hôtel des rois de France aux XIVe et XVe siècles, publ. par M. L. Doüet-d'Arcq. *Paris, Renouard*, 1865, in-8, br.

383. — Mémoires sur l'ancienne chevalerie, par M. de la Curne de Sainte-Palaye. *Paris*, 1781, 3 vol. in-12, bas.

384. — Histoire de France de Sickingen, chevalier allemand du seizième siècle, par E. de Bouteiller. *Metz*, 1860, in-8, br., fig.

385. — Histoires prodigievses, extraictes de plvsievrs famevx autheurs... par Boaistuau... *A Paris*, 1582, 4 tom. en 2 vol. in-16, vél. fig. sur bois.

386. — Origine des dignitez, magistratz, offices et estats du roy de France. *A Lyon, B. Rigaud*, 1572, in-12, vél.

387. — Les annales d'Acquitaine, faicts et gestes en sommaire des roys de France et d'Angleterre... (par Iehan Bouchet). *Impr. à Paris.... l'an mil cinq cens*, pet. in-fol., chagr. rouge.

388. — Histoire de Charles VI, roy de France, et des choses memorables aduenues de son règne... par Ivvenal des Vrsins, mise en lumière par T. Godefroy. *A Paris*, 1614, in-4, vél.

389. — Les demandes faites par le roi Charles VI... avec les réponses de P. Salmon, son secrétaire, publ. avec notes par G. A. Crapelet. *Paris, Crapelet*, 1833, gr. in-8, br., fig.

390. — Mémoires pour servir à l'histoire de France et de Bourgogne, contenant un Journal de Paris sous les règnes de Charles VI et de Charles VII, l'histoire du meurtre de

Jean sans Peur... avec les preuves. Les états des maisons et officiers des ducs de Bourgogne, etc. *Paris*, 1729, in-4, peau de truie.

391. — Etienne Marcel et le gouvernement de la bourgeoisie au quatorzième siècle, par Perrens. *Paris*, *Hachette*, 1860, in-8, d.-rel.

392. — Les ordonnances royaulx du roy Loys VII.... item celles des feulx roys Charles VII et VIII, etc. *Impr. à Lion, par Cl. Dauost*, 1508, pet. in-8, v. gr.

393. — L'Histoire de Geoffroy de Villehardovyn, mareschal de Champagne... d'vn costé en son vieil langage, et de l'autre en vn plus moderne et intelligible : par Blaise de Vigenere. *Paris, chez Abel L'Angelier*, 1584, in-4, mar. rouge. (*Rel. de Haas).*

394. — Histoire de S. Loys, IXe dv nom, roy de France, par messire Iean sire de Ioinuille, seneschal de Champagne... avec diverses pièces, etc., par Cl. Menard. *Paris*, 1617, in-4, vél.

395. — Chronique de Du Guesclin, collationnée sur l'édit. orig. du xve siècle, avec une note bibliogr. et des notes par M. Francisque Michel. *Paris*, 1830, in-12, d.-rel. chagr., dor. en tête.

396. — Cronicque et hystoire faicte et composée par feu messire Ph. de Comines, cheualier, S^r^ d'Argenton. *Impr. nouuell. à Paris*, XXIX (1529), pet. in-4, gothique, v. f.
Exemplaire défectueux.

397. — Les mémoires de messire Ph. de Commines. *A Paris*, 1615, in-fol., cuir de Russie.

398. — Histoire de Lovys XII, roy de France... et de plvsievrs choses mémorables aduenues en France et en Italie, iusques en l'an 1510, par messire Iean de Sainct-Gelais.... nouuellement mise en lumiere par Th. Godefroy. *Paris*, 1622, in-4, d.-rel. mar.

399. — Histoire de l'administration du cardinal d'Amboise, grand ministre d'Estat... par le Sr M. Bavdier. *Paris*, 1634, in-4, v. f.

400. — Les mémoires de messire Oliv. de la Marche, 1er maistre d'hostel de l'archedvc Phil. d'Avstriche, nouuell. mis en lumiere par D. Sauuage. *A Lyon, par Gvill. Roville*, 1562, pet. in-fol., cart.

401. — Histoire de l'Estat de France, tant de la république que de la religion : sous le règne de François II. *S. l.*, 1576, in-12, v. m.

402. — La vraye et entiere histoire des trovbles et guerres ciuiles auenues de nostre temps pour le faict de la religion tant en France, Allemaigne que Païs-Bas, par I. Le Frère de Laval. *Paris*, 1573, pet. in-8, v. br. (*Titre réparé*).

403. — Histoire ov commentaires de tovtes choses memorables, avenves depvys LXX ans... composez... par L. Surius et nouuellement mis en françois par I. Estourneau, Xainctongeois. *A Paris*, 1571, in-4, v. br.

404. — Histoire de nostre temps, faicte en latin par maistre Guill. Paradin, et par luy mise en françois. *A Paris, par Lucas Breyer*, 1561, in-16, mar. br.

405. — Recueil memorable d'avcvns cas merueilleux aduenuz de noz ans, et d'aucunes choses estranges et monstrueuses aduenues es siecles passez, par I. de Marcovville, gentilhomme percheron. *A Paris, pour I. Dallier*, 1563, pet.in-8, cart. (*Titre en mauvais état*).

406. — Remonstrances tres humbles, av roy de France et de Pologne Henry troisiesme... par un sien fidele officier et subiect, sur les desordres et miseres de ce royaume. *S. l.*, 1588, in-12, vél.

407. — Les lettres d'Estienne Pasqvier, conseiller et advocat general du roy. *En Avignon*, 1590, in-16, d.-rel. v. f.

408. — Mémoires pour servir à l'histoire de France (par Pierre de l'Estoile). *A Cologne*, 1719, 2 vol. pet. in-8, v. f., tr. dor., portraits.

409. — Description de l'isle des Hermaphrodites, nouvellement découverte... pour servir de supplément au Journal de Henri III. *A Cologne*, 1724, in-12, mar. vert, figure.

410. — Recueil de diverses pieces servans à l'histoire de Henry III, roi de France et de Pologne. *A Cologne, chez P. Marteau*, 1663, in-4, d.-rel. mar.

411. — Apologie povr Jehan Chastel, parisien, execvté à mort... contre l'arrêt de Parlement, diuisée en cinq parties, par Fr. de Verone Constantin. *S. l.*, 1595, pet. in-12, v. f.

412. — Le reveille-matin des François, et de leurs voisins, composé par Eusebe Philadelphe, cosmopolite, en forme de dialogues. *A Edimbourg, de l'impr. de Iaques Iames*, 1574, pet. in-8, d.-rel. mar, dor. en tête. (*Titre réparé*).

413. — Recueil de diverses pièces curieuses pour servir à l'histoire. *A Cologne*, 1664, pet. in-12, mar. br.

414. — Le premier recveil, contenant les choses plvs memorables advenves sous la Ligve, *S. l.*, 1590, 6 vol. pet. in-8, d.-rel. mar. rouge.

415. — Journal du regne de Henri IV, par Pierre de l'Estoile. *S. l.*, *Paris*, 1732. — Supplément. 1736, 4 tom. en 2 vol. pet. in-8, mar. br., fig.

416. — Remontrances du proc. génér. du Parlement de Paris à Henri IV.... pour l'inviter à faire annuler son mariage avec Marguerite de Valois, fille de Henri II et sœur de Charles IX, qu'il épousa en 1572. In-18, vél., tr. dor.

Volume de 200 pages, sans aucun titre ; une note indique qu'il n'a jamais été fait.

417. — Le cabinet dv roy de France, dans lequel il y a trois perles precieuses d'inestimable valeur, par le moyen desquelles Sa Maiesté s'en va le premier monarque du monde, et ses subiects du tout soulagez. *S. l.*, 1581, pet. in-8, bas., dent.

418. — Arrest de la Cour de Parlement, contre le tres meschant parricide François Rauaillac. A *Paris*, 1610, in-12, d.-rel.

419. — Chronologie des Estats-Generavx ov le Tiers Estat est compris, depuis l'an M.DC.XV iusques à CCCCXXII, par I. Savaron. A *Paris*, 1615, in-12, d.-rel. mar.

420. — Recveil des pieces les plvs cvrieuses qvi ont este faites pendant le regne du connestable M. de Luyne. *S. l.*, 1625, pet. in-8, vél.

421. — Conseil salvtaire d'vn bon françois avx parisiens, contenant les impostures et monopoles des faux predicateurs, auec vn discours veritable des actes plvs memorables de la Ligue depuis la iournée des barricades. *S. l.*, 1589, pet.in-8, d.-rel. mar.

422. — Vrais et bon advis de françois fidèle (Mathieu de Morgues) svr les calomnies et blasphémes dv Sr des Montagnes (Jean Sirmond). *S. l. n. d.* (XVIIe siècle), in-4, vél.

423. — La voix gemissante du peuple chrestien et catholiqve accablé sous le faix des desastres et miseres des guerres de ce temps. A *Paris*, 1640, in-4, vél.

Ecrit dirigé contre le cardinal de Richelieu.

424. — Ivgement de tovt ce qvi a esté imprimé contre le cardinal Mazarin, depuis le 6 janvier jusqu'à la déclaration du premier avril 1649 (par Gabr. Naudé). *Paris*, 1649, in-4, vél.

425. — Recueil historique contenant diverses pieces curieuses de ce temps. A *Cologne*, 1666, pet. in-12, maroq. br., tr. dor.

426. — Le Covrier françois, apportant tovtes les nouuelles veritables de ce qui s'est passé depuis l'enleuement du roy, tant à Paris, qu'à S.-Germain-en-Laye. *Paris*, 1649, in-4, d.-rel.

427. — La chasse avx larrons, ov avant-covrevr de l'histoire de la Chambre de Ivstice des liures du bien public, et autres œuures faits pour la recherche des financiers, et de leurs fauteurs, par I. Bovrgoin. *Paris*, 1618, in-4, cart.

428. — Memoires de M. D. L. R. (La Rochefoucauld). *A Cologne*, 1662, pet. in-12, mar. br.

429. — Bussi-Rabutin. Histoire amoureuse des Gaules. *A Londres*, 1789, 6 tom. en 3 vol. pet. in-12, d.-rel. mar.

430. — Amours des dames illustres de France sous le règne de Louis XIV. *Cologne, chez Pierre Marteau, s. d.*, 2 vol. in-18, maroq. vert.

431. — Lettres de Louis XIV aux princes de l'Europe, à ses generaux, ses ministres, etc., rec. par M. Rose, secret. du cabinet, avec des remarques historiques par M. Morelly. *Paris et Francfort*, 1755, 2 tom. en 1 vol. pet. in-12, d.-rel.

432. — Histoire de Mme Henriette d'Angleterre, 1re femme de Philippe de France, duc d'Orléans, par dame Marie de la Vergne, C[esse] de la Fayette. *Amst., chez J. F. Bernard*, 1742, in-12, d.-rel.

Exemplaire réglé.

433. — Lettres du comte d'Avaux à Voiture, suivies de pièces inédites extraites des papiers de Conrart et publ. par Am. Roux. *Paris, impr. de L. Perrin*, 1858, in-8, br.

434. — Bonnemère (E.). La France sous Louis XIV. *Paris*, 1865, 2 vol. in-8, br. (*Envoi de l'auteur*).

435. — Le comte de Clermont, sa cour et ses maîtresses. Lettres familières. Recherches et documents inédits publiés par Jules Cousin. *Paris*, 1867, 2 vol. pet. in-8, br., fig.

Envoi de l'auteur à M. Ant. Méray.

RÉVOLUTION FRANÇAISE.

436. — Almanach des émigrans. 1792. — Alm. des honnêtes gens. 1797. — Alm. nat. et patriotique. 1790. — Alm. violet. 1798. Etc. — Ens. 14 vol. in-18, br. et rel.

437. — Almanach des prisons. An 3. — Tableau des prisons de Paris sous le règne de Robespierre. — Chants républicains. An 3. — La grande Bible des noëls et des cantiques en l'honneur de la liberté. — Manuel des théophilantropes. Etc. — Ens. 11 vol. in-18, br. et rel.

438. — Boyer de Nismes, histoire des caricatures de la révolte des Français. (*Paris*), *impr. du Journal du peuple* (1792), in-8, br., figures.

439. — Tableau histor. et chronol. de la Révolution. 1804. — Les crimes de Marat. 1795. — Liste générale de MM. les députés. 1792. — Catéchisme de la nature. An II. — Ravaut, mémorial alphabétique des droits ci-devant seigneuriaux. 1790. — La mort de Marie-Antoinette. 1797. — La passion de N. S. J.-C , tragédie. Etc.— Ens. 15 vol. in-18, rel.

440. — Mémoires sur la Révolution française, par le Marquis de Bouillé. A *Londres*, 1797, 2 tom. en 1 vol. in-8, d.-rel. mar.

441. — Anecdotes relatives à quelques personnes et à plusieurs événemens remarquables de la Révolution, par J.-B. Harmand (de la Meuse). *Paris*, 1814, in-8, d.-rel. — Six années de la Révol. Franç. ou précis des principaux événemens correspondans à la durée de ma déportation de 1792 à 1797, par F.-D. Delestre, prêtre mort en 1798. *Paris*, 1819, in-8, br.

442. — Lettres du comte de Mirabeau à ses commettans. (19 lettres). In-8, d.-rel. mar.

443. — Théâtre républicain. Réunion de pièces par Olympe de Gouges, Laya, Legouvé, etc. 2 vol. in-8, d.-rel. mar.

444. — Les chemises rouges ou mémoires pour servir à l'histoire du règne des anarchistes. *Paris, an VII*, 4 tomes en 2 vol. in-12, d.-rel.

445. — Recueil de pièces et documens relatifs à la Révolution française. 150 vol. et broch. in-8, br. et rel. (*Ce n° sera divisé*).

HISTOIRE ÉTRANGÈRE.

446. — Simonde de Sismondi. — Histoire des républiques italiennes au moyen-âge. *Paris*, 1809, 16 vol. in-8, br.

447. — Histoire de Portvgal, contenant les entreprises, nauigations, et gestes memorables des Portugallois, tant en la conqueste des Indes Orientales par eux descouuertes, qu'es guerres d'Afrique... comprinse en vingt liures, dont les douze premiers sont trad. du latin de I. Osorivs... les huit suyuans prins de Lopez Castagnède et d'autres historiens, nouuell. mise en françois par S. G. S. *Paris*, 1587, pet. in-8, d.-rel.

448. — Histoire de Georges Castriot, svrnommé Scanderberg, roy d'Albanie : cont. ses illustres faicts d'armes, etc., par Iaqves de Lavardin, Sr du Plessis-Bourrot. A *Paris*, 1576, in-4, v. f., portrait. (*Taches d'eau*).

449. — La repvbliqve des Svisses, comprinse en deux liures... descrite en latin par Iosias Simler, et nouuellement mise en

françois, auec le pourtraict des villes des treize cantons. A *Paris*, 1578, in-12, d.-rel. mar., fig. sur bois.

450. — Les trois ambassades du Comte de Carlisle, amb. de Charles II... vers Alex. Michailovitz... Charles XI, roi de Suede, etc. *Amst.*, 1700, pet. in-12, mar. rouge.

BIBLIOGRAPHIE

451. — Catalogue des livres composant la bibliothèque poétique de M. Viollet-le-Duc, avec des notes bibliogr., biogr. et littér. *Paris*, 1843, in-8, d.-rel., n. r., dor. en tête.

451 *bis*. — Bibliographie des chansons, fabliaux, etc., ayant fait partie de la coll. de M. Viollet-le-Duc, nouv. édition augm. d'un avant-propos, par M. Ant. Meray. *Paris, Claudin*, 1859, in-8, br.

452. — Rothe, les romans du renard, examinés, analysés et comparés d'après les textes manuscrits les plus anciens. *Paris*, *Téchener*, 1845, in-8, br.

453. — Bibliographie de Chrestien, de Troyes. Comparaison des manuscrits de Perceval le Gallois, par Ch. Potvin. *Bruxelles*, 1863, in-8, br.

454. — Etude biographique et bibliographique sur Symphorien Champier, par M. P. Allut. *A Lyon, chez N. Scheuring*, 1859, pet. in-4, cart., n. r., fig.

455. — François Villon, sa vie et ses œuvres, par A. de Campaux. *Paris*, 1859, in-8, d.-rel. mar., n. r.

456. — Catalogue descriptif et raisonné des manuscrits de la bibliothèque de Valenciennes, par J. Mangeart. *Paris et Valenciennes*, 1860, pet. in-4, d.-rel., mar. n. r.

457. — Fertiault, les amoureux du livre. *Paris*, *Claudin*, 1877, in-8, br., avec figures à l'eau-forte.

458. — Bibliographie de Chrestien de Troyes, comparaison des man. de Perceval le Gallois, par Ch. Potvin. *Bruxelles*, 1863, in-8, br.

459. — Nisard (Ch.) Histoire des livres populaires et de la littérature du colportage. *Paris*, *Dentu*, 1864, 2 vol. in-12, br., fig.

460. — Delle novelle italiane in prosa bibliografia di B. Gamba. *Firenze*, 1835, in-8, d.-rel.

461. — Documents paléographiques relatifs à l'histoire des Beaux-Arts et belles-lettres pendant le moyen-âge, tirés des archives départementales par M. Aimé Champollion-Figeac. *Paris*, 1868, in-8, br.

462. — Catalogue des livres composant la bibliothèque des ducs de Bourgogne, au XVe siècle... avec détails histor., philol. et bibliogr., par G. Peignot. *A Dijon*, 1841, in-8, d.-rel., mar. n. r.

463. — Annuaire du bibliophile, du bibliothécaire et de l'archiviste. Publié par M. L. Lacour. *Paris*, 1860-1863, 4 vol. in-18, br.

464. — Lettes à Monsieur le Cte de Salvandy, sur quelques-uns des manuscrits de la bibl. royale de la Haye. *Paris*, 1846, in-8, d.-rel.

465. — Erasme, étude sur sa vie et ses ouvrages, par Gaston Feugère. *Paris*, 1874, in-8, d.-rel. mar.

466. Livres du boudoir de la reine Marie-Antoinette, avec préface et notes par L. Lacour. *Paris*, *Gay*, 1862, in-12, br.

SUPPLÉMENT

467. — C. Pli. Caecilii Junioris Nouocomensis Plinii secundi ueronensis nepotis libri epistolarum.... *Venetiis*, 1529, in-fol. vél., fig. sur bois.

468. — Sensuit le liure de Clergie nomme lymage du monde translate de latin en françois. S. *L. N. D.*, in-4°, goth. d.-rel. mar., dor. en tête (taches de doigts).

469. — Le guidon de la langue italienne de Nathanael Duez, avec trois dialogues familiers italiens et françois. La comédie de la moresse, l s complimens italiens et vne guirlande de prouerbes, *A Leyde, chez B. et A. Elseuiers*, 1601, in-12, d.-rel. mar.

470. — Les secrets dv sievr Alexis piemontois. Reueu, corrigé et augmenté d'une infinité de rares secrets. *A Roven*, 1614, in-16, mar. br.

471. — De secreti del reverendo donno Alessio piemontese... *In Lyone*, 1558, in-18, mar. r.

472. — Le Roux de Lincy. Comptes des dépenses faites par Charles V dans le château du Louvre, des années 1364 à 1368. — Inventaire des biens, meubles et immeubles de la comtesse Mahaut d'Artois... en 1313. — Inventaire des livres comp. la bibliothèque des sieurs de Jaligny. 6 juin 1413, 3 pièces en 1 vol. gr. in-8, d.-rel.

473. — Polidori Vergilii eigentlicher bericht der erfinder aller ding... *Gedruckt zu Francfurdt am Mayn, S. d., vers* 1580. pet. in-8, peau de truie.

Nombreuses figures sur bois.

474. — Fifty pen-and-ink sketches in exact fac simile, by J. E. H. from a copy of Polydore Vergile history of England in his possession. *London*, 1860, in-4. cart., fig.

Avec une lettre de l'auteur Joseph Eliot Hodgkins, ajoutée.

475. — Les anciens poètes de la France. Publ. sous la direction de M. Guessard. *Paris, Franck*, 1859-1870, 10 vol. in-12, cart. toile.

476. — Collection Jouaust. Satires de Regnier, 1867, 1 vol. Œuvres de Rabelais, 1872, 3 vol. — Maximes de la Rochefoucauld, 1868, 1 vol. — Le Sage, le Diable boiteux, 1 vol. Ensemble, 5 vol. in-8, br.

477. — Collection Jannet. 20 vol. in-12, cart. toile, n. r.

Ancien théâtre français, 10 vol. — Gringore, 2 vol. — Chevalier de la Tour Landry, 1 vol. — Nouvelles françaises du XIVe s., 2 vol. — Villon, 1 vol., etc.

478. — Collection des meilleures dissertations, notices et traités particuliers relatifs à l'histoire de France, composée en partie de pièces rares ou qui n'ont jamais été publiées séparément par MM. Leber, Salgues et Cohen. *Paris*, 1838, 20 vol. in-8, br.

479. — Œuvres complètes de Charles Fourier. *Paris*, 1846-1848, 6 vol. in-8, br.

480. — Sauvons le genre humain, par V. Hennequin. *Paris*. 1853, in-12, d.-rel. mar.

Lettre de l'auteur à M. Ant. Meray, ajoutée.

481. — Pompéry (E. de), la femme dans l'humanité, sa nature, son rôle et sa valeur sociale. *Paris*, 1864, in-12, br.

Lettre de l'auteur ajoutée.

482. — Le fou du Palais-Royal, par F. Cantagrel, 2e édit. *Paris*, *Libr. Soc.*, 1845, in-12, br.

Avec une lettre de l'auteur, adressée à M. A. Méray.

483. — Essai critique sur la philosophie positive. Lettre à M. E. Littré, par Ch. Pellarin. *Paris*, 1864, in-8, br.

484. — Rouzade (Léonie), le roi Johanne. *Paris*, 1872, in-12, br.

Envoi autographe et deux curieuses lettres de l'auteur, ajoutées.

485. — Baudelaire Dufays. Salon de 1846. *Paris, Michel Lévy*, 1846, in-12, d.-rel., mar., n. r.

486. — Paris grotesque. Les célébrités de la rue. *Paris*, 1864, in-8, br.

Envoi autogr. à M. A. Méray.

TABLE DES DIVISIONS

CONDITIONS DE LA VENTE

Les acquéreurs paieront suivant l'usage 5 % en sus des enchères.

Les livres vendus devront être collationnés dans les vingt-quatre heures de l'adjudication. Passé ce délai, ils ne seront repris pour aucune cause.

Le Libraire, chargé de la vente, remplira les commissions des personnes qui ne pourront y assister.

ORDRE DES VACATIONS :

Jeudi	16 février :	1 à 200.
Vendredi	17 février :	200 à 400.
Samedi	18 février :	401 à fin.

A la fin de la dernière vacation, il sera vendu de nombreux volumes en lots.

DOLE. — TYP. CH. BLIND.

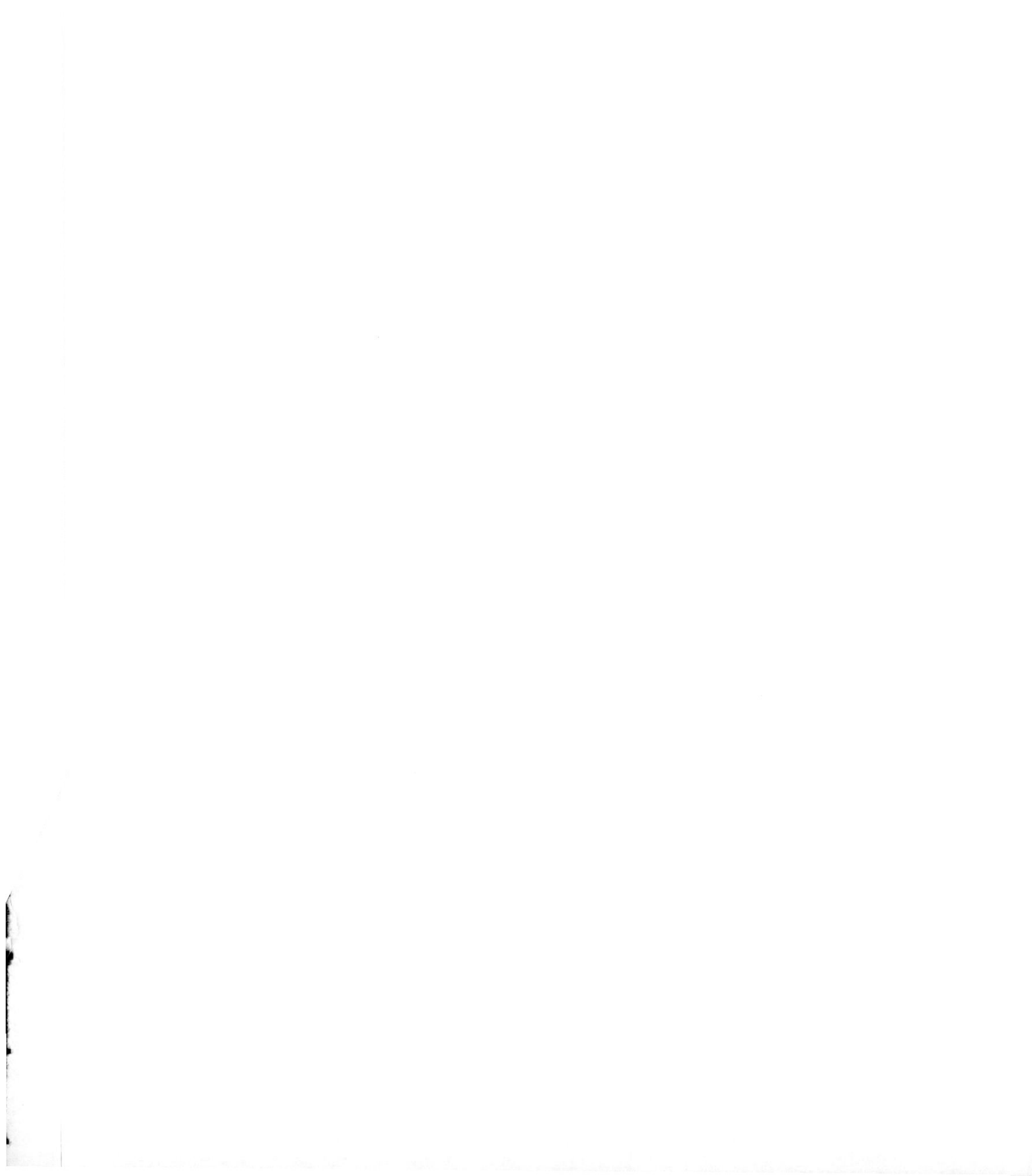

www.ingramcontent.com/pod-product-compliance
Ingram Content Group UK Ltd.
Pitfield, Milton Keynes, MK11 3LW, UK
UKHW021519260726
13993UKWH00004B/1765

9 782329 588728